묵상, 하나님을 알아 가는 시작입니다

당신이 하나님을 더 깊이 알아 가고 더 널리 알리는 사람이 되는 것, 이 책에 담겨진 예수전도단의 마음입니다. 말씀을 통해 저자가 깨닫고, 원고를 통해 저희가 누릴 수 있었던 그 감동이 책을 통해 당신에게도 전해지기 원합니다. 그리고 당신을 통해 그 기쁨과 은혜가 더 많은 이들에게 계속해서 흘러가기를 기도하겠습니다. 이 책을 통해 당신이 받은 은혜를 다른 분들에게도 나눠 주십시오. 사랑하고 축복합니다.

Ⓒ 서승동 2001, 2011

본 저작물의 한국어판 저작권은 도서출판 예수전도단에 있습니다.
저작권법에 의해 보호받는 저작물이므로 무단 전재와 복제를 금합니다.

풍성한 삶으로 초대하는
말씀 묵상의 노하우

# 묵상,
## 하나님을 알아가는 시작입니다

서승동 지음

예수전도단

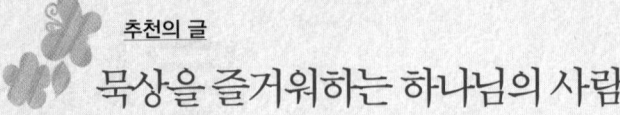

### 추천의 글
# 묵상을 즐거워하는 하나님의 사람

계속되는 영적 싸움에서 승리하려면, 하나님의 말씀을 주야로 묵상해야 합니다.

> 이 율법책을 네 입에서 떠나지 말게 하며 주야로 그것을 묵상하여 그 안에 기록된 대로 다 지켜 행하라 그리하면 네 길이 평탄하게 될 것이며 네가 형통하리라 수 1:8

하나님은 여호수아에게 하나님이 약속하신 땅을 취하라는 사명을 주셨습니다. 그러나 그 땅에는 거인들과 견고한 성들이 있었습니다. 이러한 상황에서도 여호수아가 끊임없이 전쟁을 승리로 이끌며 성공할 수 있었던 비결은, 오직 하나님의 말씀에 있습니다. 만일 우리가 여호수아처럼 하나님의 말씀을 주야로 묵상한다면, 우리에게도 승리하는 삶이 보장될 것입니다.

여호수아처럼 말씀 묵상을 강조하며, 실제로 그렇게 사는 사람이 있습니다. 서승동 목사님이 바로 그러한 사람입니다. 묵상의 중요성이 여느 때보다도 강조되며 필요한 이때, 서승동 목사님의 책이 출간되어 정말 기쁩니다. 저는 서승동 목사님과 교제하면서, 항상 경건한 삶을 살려고 애쓰는 그의 모습을 지켜보았습니다. 그는 실제로 경건한 삶을 사는, 하나님의 사람입니다.

많은 사역 가운데서도 항상 그의 얼굴은 빛나고, 마음은 안정되어 있었습니다. 그는 삶의 활력소를 얻으며 사는 비결을 알고 있는 것 같았습니다. 그렇습니다. 그는 많은 어려움을 해결하는 지혜를 어디에서 구해야 하는지 잘 아는 사람입니다.

서승동 목사님을 처음 만났을 때, 아름다운 그리스도의 향기가 났습니다. 그리고 그 향기는 세월이 지날수록 더욱 짙어졌습니다. 그는 계속 변화되어 그리스도를 더욱 닮아 가는 사람입니다. 저는 그 비결은 경건 생활의 중심이 묵상이기 때문이라고 생각합니다.

그는 한 교회를 섬기는 목회자로, 성도를 푸른 초장과 쉴 만한 물가로 이끄는 비결을 잘 아는 사람입니다. 또한 두 아들의 아빠로서, 그리고 한 아내의 남편으로서 기쁨과 행복을 전달해 주는 가장이기도 합니다. 용서를 구하고 또 용서를 베푸는 겸손함을 보여 주는 경건한 사람입니다.

한동안 그는 예수전도단 목회자 DTS(Discipleship Training School,

예수제자훈련학교)의 간사로 섬겼습니다. 그때 저는 겸손과 온유, 그리고 사랑으로 오래 참는 그의 모습을 보았습니다.

예수전도단의 제자훈련학교나 가정세미나에서는 그를 초청하여 '묵상'에 관한 가르침을 받는 것을 즐거워합니다. 그는 단지 지식으로만 가르치는 사람이 아닙니다. 심장으로, 그리고 삶으로 말씀을 나누는 사람입니다. 그의 강의는 생명을 전달합니다. 그는 묵상을 가르치기에 앞서, 묵상을 즐거워하는 하나님의 사람입니다.

저는 그의 글과 함께 서승동 목사님 개인을 기쁜 마음으로 여러분에게 추천합니다.

홍성건 목사
제주 열방대학 디렉터, 국제 예수전도단(YWAM) 동아시아 지역 대표

확대개정판 서문
# 하나님을 알아 가는 여행을 시작하십시오

2008년에 저는 갑작스러운 목의 이상 때문에 성대 수술을 받았습니다. 하지만 여전히 회복의 과정을 보내고 있습니다. 그리고 2009년에는 두 차례의 허리 디스크 수술까지 받았습니다. 늘 일어서서 말씀을 전해야 하는 목회자의 가장 큰 자산이라 할 수 있는 성대와 허리가 망가진 것입니다.

그동안 수많은 설교와 강의에서 고난이 주는 영적 유익을 가르쳐 왔지만, 직접 이런 일을 겪고 보니 저 역시 "고난 당하는 것이 감사하고 즐겁습니다"라고 고백할 수 없었습니다. 통증이 계속되고 병세가 나아지지 않자, 저는 낙심과 우울의 골짜기에 빠져들게 되었습니다. "하나님, 도대체 제게 왜 이런 일이 일어난 겁니까? 하나님의 부르심에 순종해서 여기까지 왔는데 이렇게 제 목과 허리를 치시면 어떻게 합니까? 이제 제가 뭘 할 수 있겠습니까?"

마음 한쪽에서는 섭섭함과 분노가, 또 다른 쪽에서는 하나님과 그분의 선하신 뜻을 신뢰해야 한다는 생각이 뒤섞여 무척이나 혼란스러웠습니다. 이때 저를 하나님 앞에 머물도록 붙잡아 준 것이 바로 말씀 묵상이었습니다. 말씀 앞에 서자 두려움과 근심으로 흔들리던 심령이 안정감을 회복하기 시작했습니다. 제 경험과 판단으로 가려져 있던 눈과 귀가 열려, 육신의 고통에 담긴 하나님의 메시지를 읽을 수 있었습니다. 제가 이전에 알던 것보다 더 크고 놀라우신 하늘 아버지를 다시 한 번 경험할 수 있었습니다.

묵상 가운데 하나님의 뜻을 구했을 때, 하나님은 제 눈을 열어 이 고난의 의미를 보게 하셨습니다. 그때 하나님은 제게 매우 분명하게 "이제 네 인생의 새로운 계절이 시작될 것이다"라고 말씀하셨습니다.

하나님은 우리가 원하고 구하는 바에 응답하는 분이십니다. 하지만 그와 동시에 우리가 아니라 그분이 원하는 것을 주시는 분입니다. 제게 필요한 것이 무엇인지 저보다 더 잘 아시는 참 좋은 아버지이기 때문입니다. 비록 제가 원하는 방식대로 일하지는 않으시지만, 한 치도 틀림없이 제게 들어맞는 그분의 계획이 이루어질 것입니다. 저는 믿음으로 이것을 고백하며 "왜?"라는 부르짖음의 수렁에서 빠져나와 기대와 소망을 회복할 수 있었습니다.

저 말고도 많은 성도가 말씀 묵상 가운데 주님을 만나 상황과 환경을 뛰어넘을 능력을 얻었다고 고백합니다. 이처럼 묵상은 마르지 않는 샘, 시냇가의 풍성한 나무로 살아가는 힘이며, 더 깊고 넓게 하나님을 경험하며 알아 가는 시작입니다.

먹어 보지 않고서는 사과 맛을 알 수 없는 것처럼, 하나님을 경험해 보지 않고서는 그분이 어떤 분인지 알 수 없습니다. '하나님의 마음을 정말 잘 알고 거기에 딱 들어맞는' 사람인 다윗 역시 그런 과정을 통해 빚어졌습니다. 다윗은 하나님께 묻고 그분의 음성에 귀 기울이는 삶, 눈이 피곤하고 쇠잔해질 정도로 말씀을 사모하는 삶, 끊임없이 말씀을 암송하고 읊조리는 삶을 살았습니다. 그리고 순종을 통해 하나님의 말씀이 진리임을 체험하고 확증했습니다. 이것이 바로 묵상하는 삶입니다.

하나님을 더 알기 원하십니까? 그렇다면 그분이 기록하신 성경말씀을 묵상하십시오. 하나님의 음성을 듣기 원하십니까? 그렇다면 오늘도 말씀 가운데 임하시는 하나님께 귀 기울이십시오.

구체적으로 시간을 정해 놓고 하나님께 묵상 데이트를 신청하십시오. 그리고 묵상한 대로 살아보십시오. 묵상한 바를 다른 사람과 나누십시오. 묵상이 삶의 습관이 될 때까지, 하나님을 알아 가는 것이 호흡처럼 자연스러워질 때까지 훈련하십시오.

묵상을 통해 정기적으로 하나님을 만나고 교제하는 일에 힘쓴다면, 누구나 '하나님의 마음에 딱 들어맞는' 사람으로 빚어질 것입니다. 다윗을 통해 이스라엘 가운데 놀라운 일을 행하신 것처럼, 하나님은 묵상하는 사람이 승리하는 삶을 살게 하실 것입니다.

목회자가 아니어도 상관없습니다. 여러분의 상황과 환경이 어떠하든 괜찮습니다. 해박한 성경 지식이나 오랜 신앙 연륜이 필요하지도 않습니다. 말씀을 펴고 하나님 앞에 앉으십시오. 그것이면 충분합니다. 묵상이란 다름아닌 '하나님을 알아 가는 시작'이기 때문입니다.

이 책은 예수전도단(YWAM) 열방대학의 DTS에서 묵상과 하나님의 음성을 듣는 삶을 주제로 강의했던 내용을 정리한 것입니다. 성령님이 제 마음을 만지게 했던 말씀과 묵상의 원칙, 방법을 더 많은 이들과 나누고 싶어 책을 출간한 지도, 벌써 10년의 세월이 흘렀습니다.

이번 확대개정판에는 다양한 사람과 크고 작은 묵상모임을 이끌면서 배우고 깨달은 실제적인 내용을 추가했습니다. 이 책의 초판을 읽고서 말씀 묵상에 대한 도전을 받았지만 구체적으로 무엇을 어떻게 해야 할지 몰라 난감했던 독자나, 묵상을 가르치고 묵상 모임을 이끄는 목회자와 사역자들에게 현실적인 도움이 되리라 생각합니다.

오래전 묵은 원고를 끄집어 내어 새로운 책으로 선보이기까지 많은 이들의 도움과 기도가 있었습니다. 먼저 나의 첫 영적 열매이며 동역자로서 주님과의 친밀함을 알게 해주고 가장 가까이에서 함께 아픔을 나누며 낙심될 때마다 가장 많이 격려해 준 사랑하는 아내, 그리고 하나님 아버지의 사랑과 마음을 풍성하게 체험할 수 있게 해주는 두 아들에게 사랑을 전합니다. 그리고 이 땅에 주님의 나라가 임하도록 한 소망을 품은 교회 공동체로 부르셔서 주님의 손과 발이 되어 함께 주님을 섬기며 사랑을 배워 가는 섬김의교회 가족들에게도 감사를 전합니다.

늘 격려를 아끼지 않았던 예수전도단의 동역자와 연약하고 부족한 나를 지켜봐 주며 세워 준, 믿음의 가족들에게도 감사를 드립니다.

그리고 이 책이 나오기까지 수고를 아끼지 않은 도서출판 예수전도단의 이창기 목사님과 형제자매들에게도 감사를 드립니다. 마지막으로, 제 마음을 만지셨던 하나님이 모든 독자에게 더욱 풍성한 성령의 감동을 허락하시기를 기도합니다.

주님을 사랑하는 작은 자
서승동 목사

추천의 글 묵상을 즐거워하는 하나님의 사람 _4
확대개정판 서문 하나님을 알아 가는 여행을 시작하십시오 _7

## 1부 묵상, 하나님 닮아 가기
1장 아는 것과 행하는 것 _16
2장 하나님의 말씀을 묵상한다는 것은 _33

## 2부 말씀 묵상의 키워드
3장 말씀을 어떻게 묵상할까? _68
4장 삶으로 이어지는 묵상 _102

## 3부 하나님의 음성을 듣는 비결
5장 하나님은 나에게 어떤 분이신가? _152
6장 하나님의 음성을 듣는 몇 가지 원리 _190
7장 하나님의 음성을 분별하라 _204
8장 묵상을 통해 하나님의 음성을 들을 때 _216

맺는 글 묵상은 살며(live), 행하는(do) 것입니다 _229
부록 말씀 묵상과 관련된 Q&A _232

명상과 묵상은 다르다.
명상은 머릿속의 생각을 자꾸 없애고 비워 버리려 하는 것이지만,
묵상은 근본적으로 모든 생각을 하나님으로 충만하게 채우려 하는 것이다.
우리가 말씀을 묵상하는 목적은 하나님과 인격적으로 교제하기 위해서다.
우리가 하나님을 깊이 묵상할 때,
그분은 우리에게 친히 자신을 계시해 주신다.
이를 통해 우리는 하나님이 어떤 분이신지 알아 가게 된다.
묵상의 초점은 오직 하나님 한 분이다.

1부 **묵상,**
**하나님** 닮아 가기

# 1장 아는 것과 행하는 것

'어떻게 해야 하나님과 인격적으로 친밀한 삶을 살 수 있을까? 어떻게 해야 내 삶과 성품이 변할까?' 이런 갈등과 고민은 지금도 제 안에서 계속되는 질문이자 기도입니다. 말씀을 나누는 사람으로서, 다른 사람에 대한 관심보다 더 중요한 것은 저 자신의 문제였습니다. 그런 제게 하나님은 큰 위로와 소망을 주시며 격려해 주셨습니다.

> 우리가 지금은 거울로 보는 것 같이 희미하나 그때에는 얼굴과 얼굴을 대하여 볼 것이요 지금은 내가 부분적으로 아나 그때에는 주께서 나를 아신 것 같이 내가 온전히 알리라 고전 13:12

"우리가 지금은 거울로 보는 것 같이 희미하나 그때에는…."

"지금은 내가 부분적으로 아나 그때에는…."

저는 '그때'를 소망하게 되었습니다. 그 소망은 조금씩 현실로 다가오기 시작했고, 지금도 계속되고 있으며, 주님을 알면 알수록 더욱 간절해지고 있습니다.

:: 나를 변화시킨 말씀

이제 제 삶을 변화시킨 몇 가지 말씀들을 나누려고 합니다. 혹시 저의 나눔을 통해 어떤 정보나 자료를 얻고자 하는 분들이 계신다면, 실망하게 될 것입니다. 이 말씀을 나누는 저의 간절한 바람은 여러분이 말씀 속으로 저와 함께 들어가, 하나님이 제게 부어 주셨던 격려와 소망을 함께 누리게 되는 것이기 때문입니다.

말씀을 읽는 것은 참으로 소중합니다. 말씀 안에 모든 것이 있기 때문입니다. 또한 이 말씀은 깊은 샘과 같아서 우리 영혼을 새롭게 할 물을 길어 낼 것입니다. 말씀을 읽는 중에 저에게 말씀하시고 깨닫게 하셨던 성령님의 역사가 여러분 안에도 임하시길 기대합니다.

말씀을 함께 읽어 봅시다. 요나의 이야기입니다. 사실 요나는 우리 한 사람, 한 사람입니다. 즉 '나'입니다.

> 요나가 매우 싫어하고 성내며 여호와께 기도하여 이르되 여호와여 내가 고국에 있을 때에 이러하겠다고 말씀하지 아니하였나이까 그러므로 내가 빨리 다시스로 도망하였사오니 주께서는 은혜로우시며 자비로우시며 노하기

를 더디 하시며 인애가 크시사 뜻을 돌이켜 재앙을 내리지 아니하시는 하나님이신 줄을 내가 알았음이니이다 욘 4:1-2

이 말씀에서 눈길을 끄는 것은 요나의 태도입니다. 그의 태도를 잘 살펴보십시오. 그는 하나님 앞에서 자신의 신앙을 고백하고 있습니다. 그런데 이러한 신앙고백과 그의 태도가 어울립니까?

요나는 하나님이 은혜롭고 자비롭고 노하기를 더디 하며 인애가 크고 뜻을 돌이켜 재앙을 내리지 아니하시는 분인 줄 알았다고 고백합니다. 자신이 하나님에 대해 알고 있다고 인정하는 것입니다. 그러나 여기에서 점검하고 넘어가야 할 부분이 있습니다. 정작 그의 삶은 이러한 신앙고백과 전혀 다르다는 것입니다.

요나의 삶과 하나님에 대한 마음과 감정, 기도하는 태도가 어떠한지 살펴보십시오. 요나는 지금 "매우 싫어하고 성내며" 기도하고 있습니다. 싫어하고 성내는 상대가 바로 하나님입니다. 그러니까 그는 지금 하나님께 분노하고 있는 것입니다.

여기서 우리는 먼저 요나가 어떤 사람인지, 그가 어떤 신앙생활을 했는지 살펴볼 필요가 있습니다. 요나는 어떤 사람이었고, 어떤 신앙인이었습니까? 그는 하나님의 음성을 들을 줄 아는 사람이었습니다.

여호와의 말씀이 아밋대의 아들 요나에게 임하니라 이르시되 너는 일어나 저 큰 성읍 니느웨로 가서 그것을 향하여 외치라 그 악독이 내 앞에 상달되었음이니라 하시니라 욘 1:1-2

목회 현장에서 성도들을 만나 얘기해 보면, 그들의 간절한 바람은 '하나님의 음성을 들을 수 있다면…', '하나님의 뜻을 명백하게 알 수 있다면…'이라는 것입니다. 하나님의 음성을 들을 수만 있다면 무엇이든 다 할 것처럼 말하는 사람들도 만납니다. 지금은 하나님의 뜻을 몰라서 못할 뿐, 그 음성을 들을 수만 있다면 무슨 일이든 다 하겠다는 사람도 많습니다.

그러나 요나는 그렇지 않았습니다. 그는 하나님의 음성을 명확히 듣는 사람이었습니다. 그뿐만 아니라 하나님이 말씀하신 문제를 가지고 그분과 깊은 대화를 나누기도 한 사람이었습니다. 앞서 살펴본 요나서 4장 2절 말씀을 보면, 요나가 이미 니느웨 문제로 하나님과 깊은 대화를 나눴으며 그분 마음의 깊은 뜻까지 알았다는 사실을 발견할 수 있습니다.

요나는 하나님과 깊고 은밀한 대화를 나눌 수 있는 사람이었습니다. 또 그럴 줄 아는 사람이었습니다. 이런 말씀을 묵상할 때 '나도 이렇게 하나님의 음성을 듣고 그분과 마음을 나눌 수 있으면 좋겠다'라는 마음이 절로 들지 않습니까? 정말 부럽지 않습니까?

요나처럼 우리 모두 하나님의 음성을 잘 듣게 되길 바랍니다. 우리는 하나님과 깊이 있게 마음을 나눌 수 있어야 합니다. 또한 그 음성에 잘 순종해야 합니다. 그래야만 합니다. 그러나 요나는 어땠습니까? 하나님의 얼굴을 피하여 도망했습니다.

그러나 요나가 여호와의 얼굴을 피하려고 일어나 다시스로 도망하려 하여 욥바로 내려갔더니 마침 다시스로 가는 배를 만난지라 여호와의 얼굴을 피하여 그들과 함께 다시스로 가려고 뱃삯을 주고 배에 올랐더라 욘 1:3

그는 하나님의 뜻을 정확히 잘 알았습니다. 그럼에도 하나님의 얼굴을 피하여 도망했습니다. 그의 이런 행동을 이해할 수 있겠습니까?

여기서 우리는 '요나', 즉 '나'의 문제를 발견하게 됩니다. 하나님과 친밀하게 대화한 경험이 있고 그분의 마음과 뜻을 깊이 알게 되었음에도 그분 말씀을 거역하는 내 모습을 말입니다.

:: 하나님의 뜻 VS 요나의 생각

요나는 하나님의 말씀을 의도적으로 거슬렀습니다. 그는 하나님의 뜻이 무엇인지 헷갈려서 고민을 하다가 최선의 선택을 하여 다시스로 가는 배에 탄 것이 아닙니다. 하나님의 뜻과 마음을 알면서도 그 말씀을 고의적으로 거슬러 택한 행동이었습니다. 하나님의 뜻을 정확히 잘 알지만, 의도적으로 피하여 도망친 것입니다.

하나님의 말씀에 불순종하거나 도망칠 때, 순간적으로는 일이 잘 풀리는 것처럼 느껴집니다. 어쩌면 요나도 그랬을지 모릅니다. 순풍이 불었으므로, 배를 잘 탔다고 생각했을지 모릅니다. 40일만 있으면 니느웨가 망한다고 하셨으니, 그때까지 조금만 기다려 보자는 심산이었을지 모릅니다. 그러면서도 하나님을 거스르고 있다는 불편한 마음을 지울 수 없었을 것입니다. "왜 하필이면 저입니까? 왜 저에게 가라고 하시는 겁니까? 저는 갈 수 없습니다. 그들은 저의 원수입니다. 그들은 망해야 합니다. 저는 절대 그들에게로 갈 수 없습니다."

배 밑에서 잠을 청하는 요나의 마음속에서는 이러한 심령의 싸움이 계속되었을 것입니다. 하지만 분명히 그는 하나님의 낯을 피해 도망하고 있었습니다.

그러다 배가 큰 풍랑을 만나게 되었습니다. 배에 탄 모든 사람이 죽을 고비를 맞게 되었습니다. 배가 산산이 부서질 지경이 되자, 사공들은 풍랑과 사투를 벌이기 시작했습니다. 배의 무게를 줄이려고, 자신들이 소중히 여기던 물건을 모두 바다에 내던졌습니다. 살기 위해 몸부림을 쳤지만, 그럼에도 상황은 점점 악화되었습니다. 이윽고 사람들은 자기의 신들을 부르기 시작했습니다.

그때 요나는 배 밑에서 깊이 잠들어 있었습니다. 참으로 대단한 사람입니다. 어떻게 그런 상황에서 잠을 잘 수 있었을까요? 하나님이 보호해 주실 거라는 믿음 때문이었을까요? 하나님의 낯을 피해 도망치는 사람이 어떻게 그 풍랑 속에서 평안히 잠들 수 있었을까요?

추측하건대 요나의 심정은 이랬을 것 같습니다. "하나님, 차라리 저를 죽이십시오. 처음부터 가기 싫다고 말씀드리지 않았습니까?"

저도 이런 경험이 있습니다. "제가 할 수 없다고 하지 않았습니까? 그런데 왜 자꾸 저를 부르시는 겁니까?"라고 하며 배짱부린 적이 있었습니다. 그래서 저는 요나의 심정을 잘 알 것 같습니다.

어쨌든 그렇게 다들 사투를 벌이는 상황에서, 깊이 잠든 요나가 선장의 눈에 띄었습니다. 그때 선장의 심정이 어땠을까요? 요나의 대단한 믿음이 놀라웠을까요? 아니면 화가 났을까요? 아마도 선장은 몹시 화가 났을 겁니다. 요나가 이해되지 않았을 겁니다. 선장은 요나를 흔들어 깨웠습니다.

> 선장이 그에게 가서 이르되 자는 자여 어찌함이냐 일어나서 네 하나님께 구하라 혹시 하나님이 우리를 생각하사 망하지 아니하게 하시리라 하니라 욘 1:6

눈을 비비며 일어난 요나가 깜짝 놀라며 하나님께 기도를 드렸을까요? 아닙니다. 요나는 기도하지 않았을 겁니다. 하나님의 낯을 피해 도망치는 중이었기 때문입니다.

배에 탄 사람들은 여전히 자기 신들을 향하여 부르짖고 있었습니다. 그러나 풍랑이 멈출 기미가 보이지 않았습니다. 결국 그들은 제비를 뽑아 풍랑의 원인을 알아내기로 했습니다. 그런데 놀랍게도 요나가 뽑혔습니다.

> 그들이 서로 이르되, 자 우리가 제비를 뽑아 이 재앙이 누구로 말미암아 우리에게 임하였나 알아보자 하고 곧 제비를 뽑으니 제비가 요나에게 뽑힌지라 욘 1:7

요나의 마음이 어땠을까요? 아마도 요나는 제비의 결과를 짐작했을지 모릅니다. '나다, 바로 나야' 하고 생각했을 것입니다. 그래도 '아냐, 혹시 다른 사람일 수도 있지. 아니야. 설마…'라고 생각하며 조심스레 제비를 뽑았을 것입니다. 그러다 결과를 본 순간 '그럼 그렇지!'라고 하며 맥없이 손을 축 늘어뜨렸을 것입니다.

아무것도 모르는 사람들은 각자 자기의 제비를 심각하게 열어 보았습니다. 그런데 하나, 둘, 셋…, 사람들의 표정이 밝아지기 시작합니다. 자기가 뽑힌 게 아니기 때문입니다. 그리고 그때, 맥이 탁 풀려 있는 요나를 보는 순간 '바로 너구나' 하며 알아차렸을 것입니다. 그랬습니다. 모든 사람이 요나인 것을 알았습니다.

사람들이 일제히 요나에게 "도대체 너는 누구냐?"라고 물었습니다. 이는 곧 "네가 무슨 잘못을 한 것이냐?"라는 질문일 것입니다. 그때 요나의 대답이 참 놀랍습니다.

> 그가 대답하되 나는 히브리 사람이요 바다와 육지를 지으신 하늘의 하나님 여호와를 경외하는 자로라 하고 욘 1:9

요나는 이렇게 말합니다. "나는 하나님을 경외하는 자입니다." 그때 요나는 고의적으로 하나님의 말씀에 불순종하는 상태였습니다. 하나님의 뜻을 다 알면서도 불순종하던 요나는 자신이 하나님을 경외하는 사람이라고 소개합니다. 저는 이 고백이 거짓말도, 교만해서 하는 말도 아니라고 생각합니다. 이방인들 앞에서 자신의 신앙을 고백한 것이라고 생각합니다.

비록 지금은 주님을 피해 도망치는 중이었지만, 요나는 분명 하나님을 경외하는 삶을 살기 위해 최선을 다하는 사람이었을 것입니다.

그러나 지금만은 하나님께 순종할 수 없었습니다. 아픔 때문이었습니다. 니느웨에게 받은 아픔과 상처 때문에 요나는 니느웨를 사랑할 수가 없었습니다. 그래서 하나님의 말씀에 순종할 수 없었습니다.

제비에 뽑힌 요나는 풍랑을 잔잔케 하기 위한 놀라운 제안을 내놓습니다.

> 그가 대답하되 나를 들어 바다에 던지라 그리하면 바다가 너희를 위하여 잔잔하리라 너희가 이 큰 폭풍을 만난 것이 나 때문인 줄을 내가 아노라 하니라 욘 1:12

요나는 이 풍랑의 원인이 자기에게 있다는 것을 알았습니다. 그리고 해결책도 알고 있었습니다. 그래서 요나는 대단한 결단을 내립니다. 자기만 죽으면 된다고 결단한 것입니다. 저는 이때의 그가 정말 화난 상태였을 거라고 생각합니다. 그는 '죽으면 죽었지, 나는 니느웨에는 갈 수 없어'라고 생각한 것입니다.

## :: 요나의 고집을 꺾으신 하나님

이제 요나서 4장으로 돌아가 봅시다. 결국 요나는 물에 던져졌고, 큰 물고기를 준비하신 하나님은 그를 물고기 배 속에 넣어 니느웨에 토해 놓게 하셨습니다. 결국 요나는 자신의 의지와는 전혀 상관없이 니느웨에 도착했습니다. 하나님은 요나가 니느웨에서 그분의 말씀을 전하도록 하셨고, 어쩔 수 없이 요나는 그 말씀대로 해야 했습니다.

> 요나가 그 성읍에 들어가서 하루 동안 다니며 외쳐 이르되 사십 일이 지나면 니느웨가 무너지리라 하였더니 욘 3:4

놀랍게도 요나가 외친 이 말은 소문을 타고 퍼졌으며, 마침내 니느웨 왕의 귀에도 들리게 되었습니다. 온 니느웨가 금식하고 회개하면서 하나님을 부르짖게 되었습니다. 그 부르짖음을 들으신 하나님은 그들의 죄를 용서해 주셨습니다. 이에 요나는 심히 싫어하며 분노했습니다.

> 요나가 매우 싫어하고 성내며 여호와께 기도하여 이르되 여호와여 내가 고국에 있을 때에 이러하겠다고 말씀하지 아니하였나이까 그러므로 내가 빨리 다시스로 도망하였사오니 주께서는 은혜로우시며 자비로우시며 노하기를 더디하시며 인애가 크시사 뜻을 돌이켜 재앙을 내리지 아니하시는 하나님이신 줄을 내가 알았음이니이다 욘 4:1-2

그렇습니다. 요나의 고백대로 하나님은 정말 은혜로운 분이십니다. 만약 그렇지 않았다면, 하나님의 말씀을 고의로 거역한 요나가 어떻게 되었겠습니까?

왜 그토록 요나는 하나님께 분노하며 화를 낸 걸까요? 망하기를 바라는 니느웨를 하나님이 용서해 주셨기 때문입니다. 그렇다면 요나는 왜 니느웨를 용서하지 못하고 그곳이 망하기만을 바랐던 것일까요? 그 이유를 요나서에서 발견하기는 어렵습니다. 우리는 그 이유를 나훔 선지자의 예언서에 나타난 경고의 말씀을 통해 조금이나마 발견할 수 있습니다. 그리고 또 역사를 통해 알 수 있습니다.

니느웨는 유다를 약탈하고 유다 백성을 살해하며 하나님을 거역하는 도성이었습니다(나 2:1-3). 요나는 니느웨로부터 많은 아픔을 경험했습니다. 그래서 요나는 니느웨를 사랑하기는커녕 용서할 수 없었습니다.

마음의 상처는 어떤 사람을 용서하지 못하게 하는 걸림돌이 됩니다. 남편에게 너무 많은 상처를 받은 아내들은 남편을 사랑하지 못하고 아끼지 못합니다. 마음의 상처는 사람을 사랑하지 못하게 하며, 용서하지 못하게 합니다.

지금 요나의 마음이 그렇습니다. 용서할 수 없는 니느웨, 사랑할 수 없는 니느웨, 멸망하기를 바라는 니느웨였습니다. 그러니 니느웨의 악이 하나님께 닿아 있어, 40일 후에는 그곳이 무너질 것이라는 말을 들은 요나의 마음이 어땠을까요?

만약 하나님이 요나에게 니느웨로 가라고 하지 않으시고 "40일만 있으면 니느웨가 무너질 것이다"라고만 하셨다면, 요나는 정말 기뻐했을 것입니다. "할렐루야! 그래, 40일만 기다리자!"라고 하지 않았을까요? 그런데 문제는 하나님이 요나에게 그 니느웨로 가서 그분의 말씀을 외쳐 그들이 용서받게 하라고 하신 것입니다. 그러나 요나는 그 말씀에 순종할 수 없었습니다.

## :: 아는 것과 행하는 것

하나님께 요나가 뭐라고 고백하고 있는지 다시 한 번 봅시다. 하나님을 안다는 고백, 즉 "주께서는 은혜로우시며…"라는 고백은 다 맞는 말입니다. 그러나 문제는 요나의 신앙고백과 요나의 마음이 일치하지 않는다는 것입니다.

   요나는 하나님이 은혜롭고 자비로운 분이심을 알았지만, 그 자신은 니느웨를 용서하지 못했습니다. 요나는 하나님이 뜻을 돌이켜 재앙을 내리지 않는 분이심을 알았지만, 니느웨 사람들에게는 재앙이 임하기를 바랐습니다. 그는 입으로는 하나님을 경외한다고 스스로 말했지만, 그의 마음은 하나님의 마음과 달랐습니다. 그는 자신의 마음을 돌이키려고 하지 않았습니다. 하나님은 니느웨를 아끼셨지만(욘 4:11), 요나에게는 니느웨를 아끼는 마음이 전혀 없었습니다. 그리고 니느웨를 바라보는 요나의 눈 또한 하나님의 눈과는 완전히 달랐습니다. 하나님은 니느웨를 사랑하셨지만, 요나는 결코 니느웨를 사랑할 수 없었습니다.

   우리에게도 요나와 같은 모습이 존재합니다. "하나님은 사랑이시라"고 고백하면서도 정작 사랑할 수 없는 사람이 있습니다. 도저히 용서할 수 없는 사람이 있습니다.

   어느 모임에서 있었던 일입니다. 우리는 자신에게 죄를 지은 사람을 용서하는 고백을 하기로 했습니다. 그런데 한 자매의 이야기가 너무 가슴 아팠습니다. 자매는 남편을 용서하고 싶어도, 그동안 자신에게 했던 일들 때문에 도저히 용서할 수가 없다고 말했습니다. 그러나 하나님은 그 자매에게 자꾸 남편을 용서하라고 말씀하셨습니다. 자매는 기도하면서 몸부림치더니, 이렇게 외쳤습니다. "안 돼, 안 돼요. 저는 절대로 남편을 용서할 수 없습니다." 울면서 그 아픔을 토해 내는데, 안타까워서 도저히 그 모습을 지켜볼 수가 없었습니다. 그 아픔이 얼마나 컸던지, 자매는 끝내 탈진해 버렸습니다.

나에게 깊은 아픔을 주었던 사람을 사랑하고 용서하기란 얼마나 어려운 일인지 모릅니다. 그러한 사람을 사랑하고 용서하기란 정말 어렵습니다. 우리는 다들 그 고통을 잘 압니다. 그럼에도 우리는 사랑하고 용서해야만 합니다.

왜 하필이면 하나님은 요나를 부르신 걸까요? 왜 특별히 그를 지정해서 니느웨로 가라고 명령하신 걸까요? 여기에는 하나님의 목적이 있었습니다. 하나님은 그 일을 통해 요나가 하나님의 눈을 갖게 되기를 바라셨습니다. 그분의 마음을 부어 주기 원하셨습니다. 하나님이 요나를 부르신 것은 니느웨를 구원하기 위함이기도 했지만, 사실 그것은 요나를 향한 하나님 사랑의 표현이었습니다.

하나님은 얼마든지 다른 사람을 보내실 수도 있었지만, 굳이 요나를 부르셨습니다. 요나가 그분의 눈과 마음을 가지고 살아가기 원하셨기 때문입니다. 요나는 하나님의 음성을 듣고, 그분과 깊은 마음을 나누는 사람이었습니다. 그러나 그의 마음은 하나님의 마음과 달랐습니다. 그는 하나님이 자비로우신 분임을 알았지만, 그의 마음에는 자비가 없었습니다. 그는 하나님이 은혜로우신 분임을 믿었지만, 그의 마음에는 은혜가 없었습니다.

물론 요나도 사람들을 헌신적으로 사랑할 줄 아는 사람이었을 것입니다. 그러나 요나의 사랑은 좋은 관계를 맺은 사람들에게만 향해 있었습니다. 자신을 아프게 한 사람들까지 사랑하며 용서할 수는 없었습니다. 그에게는 하나님의 마음과 성품이 없었기 때문입니다. 그래서 그는 하나님과는 다른 삶을 살 수밖에 없었습니다.

우리 역시 그렇지 않습니까? "저는 하나님이 이런 분이신 줄 압니다"라고 말하면서도, 그 믿음의 고백과 전혀 관계없는 삶을 살고 있지 않습니까? "하나님은 사랑이십니다"라고 말하면서도, 누군가를 사랑하지 못하고 있지는 않습니까? "하나님은 용서하시는 분입니다"라고 말하면서도, 그 사람만은 도저히 용서할 수 없다고 생각하지 않습니까? 하나님은 그 뜻을 돌이키시는 분이신데 나는 도저히 그렇게 하지 못하겠다면서 마음을 바꾸지 않기로 작정하는 것, 그것이 바로 우리의 문제입니다.

## :: 말씀 따로, 생활 따로

하나님의 마음을 알아 가고 닮아 가는 것은 그분의 말씀을 묵상하는 데 있어서 아주 중요합니다. 하나님이 누구이신지 말만 해서는 안 됩니다. 하나님이 그런 분이시라면, 우리 또한 같은 마음과 생각, 성품을 소유해야 합니다. 이것은 정말 중요한 문제입니다.

사도신경의 신앙고백을 알고 계시지요. 첫 소절만 같이 외워 보겠습니다. "전능하사 천지를 만드신 하나님 아버지를 내가 믿사오며…." 하나님이 누구시라고요? 전능하신 하나님입니다. 줄줄 외우긴 했는데, 그분을 어떤 분으로 믿고 외우는 것입니까? 여기에 하나님이 우리를 창조하셨다는 말은 없지만, 가만히 헤아려 보면 '나를 만드신 아버지 하나님'이라고 할 수 있습니다. 전능하사 천지를 창조하신 하나님이 나와 아무런 관계가 없으면 무슨 소용이 있겠습니까. 신앙고백이란 그 전능하신 하나님이 바로 내 아버지이심을 믿는 것입니다.

여러분, 하나님이 정말 그런 분이신 것을 믿으세요? 그런데 왜 그렇게 걱정합니까? 우리가 가장 크게 걱정하는 것은 재정이고, 그다음이 진로 문제며, 그다음은 먹고 마시는 것입니다. 실제로 우리는 날마다 '어떻게 살까?'를 걱정합니다. 하나님이 어떤 분이신지는 잘 알지만, 실제로는 그분과 전혀 관계없는 삶을 삽니다. 이것은 남의 이야기가 아니고 바로 제 이야기입니다. 바다와 육지를 비롯한 천지를 창조한 전능하신 하나님, 그 하나님의 말씀을 피해 도망가며 "나는 하나님을 경외한다"라고 말하는 것이 문제입니다.

여러분, 이는 정말 심각한 일입니다. 교회에서 눈물, 콧물 흘리면서 예배드리지만, 막상 집에 돌아오면 언제 그랬냐는 듯이 살아갑니다. 내 삶의 방식은 하나님의 방식과 전혀 다릅니다. 다시 말해, 니느웨를 대하시는 하나님의 마음은 결코 나의 마음이 아닌 것입니다. 그러면서 어떻게 하나님을 안다고, 그분을 경외한다고 말할 수 있습니까? 그렇다고 아예 그런 고백을 하지 말라는 뜻은 아닙니다. 믿음은 선포해야 자라는 것이니까요.

:: 하나님 닮아 가기

하지만 하나님이 어떤 분이신지 알고 그렇게 고백한다면, 그 하나님의 마음과 내 마음이 같아지도록 끊임없이 노력해야 하지 않겠습니까? 여러분은 형제자매의 모습 속에서 누구를 봅니까? 우리는 그 속에서 하나님의 형상을 보아야 합니다.

그런데 문제는 그 모습이 보이지 않을 때가 있다는 것입니다. 하나님의 형상은커녕 완전히 원수처럼 보입니다. 요나 또한 그렇습니다. 니느웨를 원수로만 바라봅니다. 그러나 그들 또한 하나님의 형상대로 지어졌음을 기억한다면, 어떻게 그렇게 바라볼 수 있겠습니까?

부부 사이는 또 어떻습니까? 하나님은 부부가 한 몸이라고 하셨습니다. "이제 죽음 이외에 그 어떤 것으로도 너희를 나눌 수 없다. 너희는 이제 둘이 아니라 하나다." 그러나 우리는 서로 종종 남처럼 느낍니다. 하나님이 보시는 것과 내가 보는 것은 그렇게 너무 다릅니다.

그럼에도 우리는 아무런 문제의식 없이 살아갑니다. 내가 생각하고 보는 것이 다 옳은 것인 줄로 여기며 살아갑니다. 우리는 이 문제를 꼭 해결해야 합니다. 우리는 하나님이 보시는 눈으로 형제자매를 볼 수 있어야 합니다. 하나님이 보시는 마음으로 형제자매를 보고 이웃을 보며 나라를 볼 수 있어야 합니다. 그 눈을 갖고, 그 마음을 품어야 합니다. 그래야 하나님을 닮을 수 있지 않겠습니까?

여러분, 혹시 '그동안 내 눈이 잘못되어도 한참 잘못된 것이구나. 내 마음이 정말 잘못된 것이구나'라는 생각이 든다면, 이 문제를 꼭 해결하시기 바랍니다. 아니, 그래야만 합니다. 저는 제 삶 가운데서 이 문제를 어떻게 극복할 것인지 많이 고민해 왔습니다. 이와 관련해 하나님이 제게 가르쳐 주신 것이 몇 가지 있는데, 그중 하나가 바로 말씀을 묵상하는 삶입니다. 하나님의 말씀을 묵상하는 삶을 통해서 이 부분이 풀어지기 시작했습니다.

## 2장 하나님의 말씀을 묵상한다는 것은

:: 명상과 묵상의 차이

묵상이란 대체 무엇일까요? 묵상이 잘되거나 안된다는 것은 무슨 뜻일까요? 묵상이라는 말 자체의 사전적 의미는 '깊이 생각하다'입니다.

그런데 생각할수록 문제의 답을 찾기는커녕 더 복잡해질 때가 있습니다. 무언가 깊이 생각할수록 문제가 더 꼬여서 걱정과 근심이 몰려올 때가 있습니다. 생각은 깊이 하고 있어도, 생각 자체가 잘못되었기 때문입니다. 다시 말해, 깊이 있게 생각하고 있기는 하지만 그 초점이 하나님을 향하지 않았다는 것입니다.

동양 종교나 다른 종교에서도 얼마나 깊이 명상합니까? 그런데 명상과 묵상은 근본적으로 전혀 다릅니다. 명상은 머릿속의 생각을 자꾸 없애고 비우려 하는 것이지만, 묵상은 근본적으로 생각을 온통 하나님으로 충만하게 채우는 것입니다. 깊이 있게 생각하면 할수록 문제가 자꾸 꼬이는 것 같을 때, 그 이유가 하나님이 아니라 일을 생각하기 때문은 아닌지 한번 점검해 보기 바랍니다. 우리는 묵상을 한다면서 대개 나에게 당면한 일, 가정의 복잡한 문제를 생각합니다.

이렇게 걱정하는 분들이 있을 것입니다. '이제 아버지가 실직하시면 우리 가정은 경제적으로 더 어려워질 거야. 동생들은 이제 대학교에 가야 하고, 학비도 마련해야 하는데…, 어떻게 하지? 대체 어떻게 해야 할까?' 이런 생각을 하면 할수록 마음이 복잡해집니다. 그러다 이런 복잡한 문제가 풀어지는 순간이 있는데, 그때는 바로 우리의 생각이 바뀔 때입니다.

우리의 생각이 하나님의 생각으로 바뀔 때, 복잡했던 문제들이 풀리는 것을 경험하게 됩니다. 그 복잡한 상황에서 하나님을 바라보기 시작하면, 모든 문제가 풀리기 시작합니다. 삼손이 자신을 묶었던 밧줄을 끊어 버렸듯, 우리를 묶었던 모든 근심과 걱정의 끈이 한순간에 풀어지는 것을 느낍니다. 여러분도 그런 경험이 있으시겠지요?

:: 묵상할수록 마음이 무거워진다면

어떤 문제에 대해 깊이 생각하면 할수록 걱정과 근심이 늘고 마음이 무겁다면, 잘못 생각하고 있는 것입니다. 그 문제 속에 계신 하나님을 바라보지 못하기 때문입니다.

그날 저물 때에 제자들에게 이르시되 우리가 저편으로 건너가자 하시니 그들이 무리를 떠나 예수를 배에 계신 그대로 모시고 가매 다른 배들도 함께 하더니 큰 광풍이 일어나며 물결이 배에 부딪쳐 들어와 배에 가득하게 되었더라 예수께서는 고물에서 베개를 베고 주무시더니 제자들이 깨우며 이르되 선생님이여 우리가 죽게 된 것을 돌보지 아니하시나이까 하니 예수께서 깨어 바람을 꾸짖으시며 바다더러 이르시되 잠잠하라 고요하라 하시니 바람이 그치고 아주 잔잔하여지더라 이에 제자들에게 이르시되 어찌하여 이렇게 무서워하느냐 너희가 어찌 믿음이 없느냐 하시니 그들이 심히 두려워하여 서로 말하되 그가 누구이기에 바람과 바다도 순종하는가 하였더라

막 4:35-41

제자들은 배를 타고 갈릴리 바다를 건너고 있었습니다. 날이 저물어 어두워질 무렵이었습니다. 갈릴리 바다 깊은 곳에 이르렀을 때, 갑자기 큰 광풍이 일기 시작했습니다. 높은 물결이 배에 부딪히면서 물이 배 안으로 차 오르기 시작했습니다. 갑작스레 불어 닥친 광풍에 맞서, 제자들은 살아남기 위해 온갖 노력을 다했을 것입니다. 모든 방법을 동원해 보았지만, 전혀 소용이 없었습니다. 광풍의 기세는 전혀 줄어들지 않았고, 다른 대책도 보이지 않았습니다. 그들은 이렇게 생각했을 겁니다. '이제 전부 죽겠구나!'

그리고 그제야 제자들은 예수님이 그 배에 함께 타고 계신 것을 떠올렸습니다. 그 상황에서도 예수님은 매우 평안히 주무시고 계셨습니다. 그런 예수님을 본 제자들의 기분이 어땠을까요? 그들이 예수님

께 뭐라고 했는지 들어 보십시오. "선생님, 저희가 죽게 되었는데 어째서 저희를 돌보지 않으십니까?"

이 말이 어떤 의미로 다가옵니까? 어떤 마음으로 한 말처럼 느껴집니까? '우리 선생님 맞아? 예수님 맞아?'라는 것은 아니었을까요?

잠에서 깨신 예수님은 제자들의 원망과 불평에 뭐라고 하기 전에 먼저 바다를 꾸짖으셨습니다. "잠잠하라. 고요하라."

그러자 바다가 잠잠해졌습니다. 제자들이 놀랐습니다. "저분은 대체 어떤 분이시기에 바람과 바다도 순종하는가?"

놀라는 제자들에게 주님이 이렇게 말씀하십니다. "어찌하여 이렇게 무서워하느냐? 너희가 어찌 믿음이 없느냐?"

제자들에게는 예수님을 믿는 믿음이 없었습니다. 그들은 예수님이 바람과 바다를 다스리는 분이심을 믿지 못했습니다. 그래서 그들은 그 풍랑 때문에 자기들이 죽을 거라고 생각했습니다. 최선을 다했음에도 문제를 해결하지 못했기 때문에 더욱 그랬습니다. 제자들만 그럴까요? 오늘날 우리도 마찬가지입니다. 우리가 걱정하고 근심하는 이유는 상황 속에서 주님을 바라보지 못하고 신뢰하지 못하기 때문입니다. 즉, '믿음이 없기' 때문입니다.

어떤 문제가 생겼을 때 우리는 그 상황 속에 계시는 하나님을 바라봐야 합니다. 그래야 모든 문제가 풀어지는 것을 경험할 수 있습니다. 그렇게 하지 않고 계속 고민만 하다 보면, 극단적으로 생각하게 되고 결국에는 자기 삶을 완전히 포기하게 됩니다. 이것은 우리가 잘못 묵상하고 있다는 증거입니다. 깊이 있게 생각할 수는 있지만, 하나님이 아닌 그 상황에 초점을 두기 때문입니다.

우리가 성경을 볼 때도 그렇습니다. 성경을 보면 볼수록 고민스러울 때가 있습니다. 언젠가 한 형제가 제게 이런 고민을 털어놓았습니다. "목사님…, 저 이제 더는 묵상을 못하겠어요. 묵상을 하면 할수록 마음이 어려워져요."

말씀을 묵상하며 그 형제는 하나님이 자신에게 말씀하신 것을 노트에 적어 보았다고 합니다. 그러다 그중에서 말씀대로 행한 것과 행하지 못한 것을 나누어 적었더니, 행하지 못한 것이 행한 것보다 훨씬 더 많더라는 것입니다. 이에 형제는 이런 생각이 들었답니다. '지금까지 하나님이 내게 하라고 명하신 것도 평생 다 못할 텐데, 앞으로 말씀하시는 것은 더 그렇지 않겠어? 그렇다면 내가 날마다 묵상하는 게 대체 무슨 의미가 있겠어? 묵상할 때마다 하나님은 내게 말씀하실 것이고, 나는 여전히 그 말씀을 준행하지 못할 게 뻔한데. 묵상은 정말 힘들어.'

여러분도 이런 경험을 한 적이 있지 않으십니까? 저는 있습니다. 성경을 보면 볼수록 마음이 무거워질 뿐, 전혀 기쁘지 않았습니다. 마치 하나님은 저를 불러 일을 시키시는 분이고, 저는 그분 명령대로 일을 하는 일꾼처럼 느껴질 때가 있었습니다. 그래서 날마다 하나님 앞에서 꾸중을 듣는 일꾼이라는 자책감과 하나님이 명령하신 일들을 백 퍼센트로 해 내지 못하고 잠자리에 드는 부담감 때문에 마음이 종종 무거웠습니다. 그럴 때면 말씀을 묵상하기가 정말 어려웠습니다.

그러다 아주 중요한 사실을 발견하게 되었습니다. 이렇게 말씀을 묵상하는 것이 잘못되었음을 말입니다. 말씀 묵상은 주인이 일꾼에게 일거리를 지시하는 시간이 아님을 깨달은 것입니다. 묵상은 하나님과의 인격적인 교제임을 깨달은 것입니다.

아침에 일어나서 묵상할 때, 눈물 콧물을 다 쏟아가면서 마음을 움직이는 일이 일어나지 않을 수도 있습니다. 초점은 그것이 아니기 때문입니다. 묵상을 하는 데 있어서 중요한 것은 하나님께 시선을 고정하는 것입니다. 묵상에 대한 잘못된 생각은, 성경을 읽는 그 시간조차도 하나님이 아닌 내 문제에 관심을 두고 있었다는 증거입니다.

## :: 사람을 무너뜨리는 사탄의 전략

우리를 무너뜨리기 위해 사탄은 어떤 전략을 갖고 다가올까요? 사탄은 하나님이 하시는 일들을 방해할 수 없습니다. 무엇보다도, 하나님은 사탄에게 속으시는 분이 아닙니다. 하나님은 사탄과는 비교할 수 없는 지혜를 소유하신 분입니다.

그러나 사람은 하나님의 형상으로 지음 받았음에도, 사탄의 속임에 잘 넘어갑니다. 에덴동산에서부터 사람은 사탄에게 속아서 죄를 범했습니다.

사탄의 목표는 우리가 하나님을 바라보지 못하게 하는 것입니다. 그래서 특히 성경을 읽을 때 우리를 더욱 방해합니다. 성경은 하나님을 계시하므로, 누구든 성경을 읽으면 하나님을 바라보게 됩니다. 그래서 사탄은 우리가 성경을 읽을 때 더욱 활발한 전략을 펼칩니다.

'너, 지금 성경 읽는 거야? 그래, 많이 읽어. 열심히 봐. 그리고 성경공부도 열심히 해.'

그러면서 사탄은 그 사람의 눈이 하나님을 바라보지 못하게 유혹합니다. 하나님께 집중하지 못하게 합니다. '너, 아브라함과 비교하면 아직 멀었지? 다윗과 비교하면 아직 멀었지? 그래, 더 노력해야 되겠다. 네 노력이 부족한 거야. 참, 그리고 네가 아브라함이나 다윗처럼 살지 못하게 방해하는 사람들 말이야. 너도 그 사람들이 밉지? 그들이 없었으면 좋겠지?'

별의별 생각을 하게 만듭니다. 그래서 아브라함을 아브라함으로, 다윗을 다윗으로 만드시는 하나님을 바라보지 못하게 합니다. 그리고 아브라함과 다윗을 나와 비교하게 합니다. 그러고는 신앙적인 열등감을 갖게 합니다. '다윗은 다윗이고, 나는 나지. 어쩔 수 없지…'라고 생각하며 체념하도록 유도하는 것입니다.

유대인들이 보인 어처구니없는 태도가 무엇이었습니까? 자기들만이 하나님을 섬길 수 있다고 믿은 것이었습니다. 그들은 아주 철저히 하나님을 섬기려 했습니다. 모세의 율법을 완벽히 지키려고 온갖 노력을 다했습니다. 그런 사람들이 하나님을 죽음으로 내몰았습니다. 그들은 예수님이 하나님이심을 믿지 못했습니다. 어떻게 이런 일이 일어날 수 있었을까요? 그들 삶에서 무엇이 잘못되었던 것입니까? 이는 사실 오늘날 우리에게도 충분히 있을 수 있는 문제입니다. 아니, 그것은 제 문제였습니다.

> 그 말씀이 너희 속에 거하지 아니하니 이는 그가 보내신 이를 믿지 아니함이라 너희가 성경에서 영생을 얻는 줄 생각하고 성경을 연구하거니와 이 성경이 곧 내게 대하여 증언하는 것이니라 그러나 너희가 영생을 얻기 위하여 내게 오기를 원하지 아니하는도다 요 5:38-40

저는 이 말씀을 통해, 제 말씀 묵상의 허점을 발견하고 제가 어떻게 해야 할지 깨닫게 되었습니다. 여기서 '너희'란 바로 유대인들입니다. 서기관과 바리새인들, 즉 예수님을 죽이려고 달려드는 사람들입니다. 그들만큼 성경을 열심히 상고한 사람들이 또 어디 있겠습니까. 그들은 정말 열심히 성경을 상고했습니다. 정말 아름다운 모습입니다. 그들의 열심과 열정도 대단했습니다. 그럼에도 그들은 결국 어처구니없는 짓을 저지르고 말았습니다. 그들은 예수님을 십자가에 못 박았습니다. 어째서 이런 일이 일어날 수 있었을까요?

서기관과 바리새인 등 당시 유대인 지도자들의 문제가 무엇인지 살펴봅시다. 이 문제를 알아보는 것은 정말 중요합니다. 만약 오늘날 우리 역시 유대인들과 같은 문제를 갖고 있다면, 하나님을 십자가에 못 박는 어처구니없는 일을 또다시 저지를 수 있습니다.

유대인들의 문제는 성경을 보는 시각에 있었습니다. 하나님은 그분 자신에 대해 증거하시려고 사람에게 성경을 주셨습니다. 유대인들은 그러한 성경의 모든 내용을 자세히 연구했습니다. 그러나 그 안에는 예수님이 없었습니다. 그것은 곧 하나님을 묵상하지 않았다는 뜻입니다. 그 결과 그들의 삶에서 어떤 일들이 벌어졌습니까? 주님은 그들에게 이렇게 말씀하십니다.

> 다만 하나님을 사랑하는 것이 너희 속에 없음을 알았노라 요 5:42

이게 무슨 말도 안 되는 소리입니까? 영생을 얻겠다고 열심히 성경을 상고했는데, 하나님을 사랑하는 마음이 없다니요?

> 너희가 서로 영광을 취하고 유일하신 하나님께로부터 오는 영광은 구하지 아니하니 어찌 나를 믿을 수 있느냐 요 5:44

이 말씀에서 주님은 유대인들이 서로 영광을 취하고, 유일하신 하나님에게서 비롯된 영광을 구하지 않는다고 날카롭게 지적하십니다.

그렇습니다. 유대인들은 자기 영광만을 구했습니다. 성경을 열심히 보고 영생을 얻으려 했지만, 하나님과 전혀 관계없이 성경을 보았습니다. 이것이 바로 유대인들의 큰 문제 중 하나였습니다.

제가 만난 한 형제는 약 8개월 동안 신구약 성경을 6번 정도 읽었다고 했습니다. 그는 "저는 예수님을 사랑합니다. 그리고 예수님을 위해 헌신할 준비가 언제든 되어 있습니다"라고 고백했습니다. 이에 저는 크게 놀라지 않을 수 없었습니다. '이런 형제에게 내가 나눌 것이 뭐가 있겠는가?' 하는 생각이 들었습니다. 그를 통해 얼마나 큰 도전을 받았는지 모릅니다.

그런데 저와 함께 하나님의 말씀을 나누면서, 그 형제의 두 눈이 동그래지기 시작했습니다. 그러더니 이렇게 고백하는 것이 아닙니까!
"아, 이런 말씀이 제게 필요했습니다."

성경을 통해 하나님을 바라보지도, 그분과 인격적으로 교제를 나누는 삶을 살지도 못했다는 고백이었습니다. 물론 우리는 말씀을 많이 읽고 외우며 공부해야 합니다. 그러나 중요한 것은 그 모든 일의 중심에 하나님이 계셔야 한다는 사실입니다. 하나님을 바라보는 우리의 눈이 늘 열려 있어야 합니다. 하나님을 바라보지 못한다면, 오히려 그 성경적 지식은 하나님을 아프게 하는 결과를 가져올 것입니다. 유대인들처럼 말입니다.

:: 말씀 묵상의 키워드

말씀을 제대로 묵상하려면, 하나님이 어떤 분이신지 알아야 합니다. 우리가 말씀을 묵상하는 목적은 하나님과 인격적인 교제를 나누기 위해서입니다. 말씀 속에서 하나님을 만나고, 이를 통해 하나님과 마음과 삶, 느낌과 생각을 나누면서 인격적인 교제를 맺는 것입니다.

그런데 우리는 대개 하나님이 아닌 다른 것에 마음의 초점을 둘 때가 많습니다. 그뿐만 아니라 이야기나 사건, 내용에만 관심이 있습니다. 어떤 경우, 하나님은 보이지 않고 성경에 등장하는 인물만 보이거나 자기 자신의 초라한 모습만 보입니다.

곧잘 우리는 아브라함의 이야기를 읽으면 아브라함에 관심을 두고, 다윗 이야기를 읽으면 다윗에 관심을 둡니다. 혹은 '나는 왜 이 모양일까. 성령을 받으면 권능을 받는다고 했는데…, 나는 정말 문제가 많은 사람인가 봐. 원수를 사랑하고 그를 위해 기도하라고 했는데 기도는커녕 마음속에서 분노만 일어나고 있으니, 나는 정말 안 되겠구나' 하면서 자꾸만 자신을 봅니다.

이것은 말씀 묵상이 아닙니다. 말씀 묵상은 하나님이 어떤 분이신지를 깊이 있게 생각하는 것입니다. 또한 그분과 깊이 있는 인격적인 교제를 나누는 것입니다.

예를 들어 보겠습니다. 부모님이 살고 계신 시골에 내려가는 사람이 있습니다. 그가 시골을 찾는 이유는 무엇입니까? 부모님을 뵙기 위한 것이 아닙니까? 시골에 가서 대문을 열고 집에 들어가면, 제일 먼저 해야 할 일은 무엇일까요? "엄마, 저 왔어요!"라고 하며 부모님께 인사를 드리는 일이 아니겠습니까?

그런데 인사를 드리기는커녕 자신의 집으로 가져올 쌀자루에만 관심이 쏠려서 그것부터 챙기기 시작하면, 그 모습을 보는 부모님의 마음이 어떨까요? 물론 부모님은 쌀자루뿐 아니라 모든 것을 자식에게 내주는 존재입니다. 그렇지만 자녀의 우선순위는 쌀자루가 아닌 부모님께 있어야 하지 않을까요? 만약 부모님이 외출하셔서 집에 안 계신다면, 자녀는 어떤 마음으로 기다리고 있어야 할까요? 기다리던 부모님이 돌아오시면, 하던 일을 모두 멈추고 일어나 먼저 인사를 드려야 하지 않겠습니까?

말씀 묵상도 이와 같습니다. 말씀을 읽을 때 우리의 최대 관심은 하나님을 만나 뵙는 것이어야 합니다. 말씀을 통해 계시하시는 하나님이 우리의 가장 큰 관심이어야 합니다. 말씀 속에 어떤 진리가 있는지, 무엇이 우리를 유익하게 하는지도 물론 중요하지만, 그것은 그다음 문제입니다.

하나님이 누구이신지 생각할 때 초점을 두어야 하는 것은 바로 하나님의 성품입니다. 자비롭고 은혜로우신 하나님의 성품이 내 성품 가운데로 들어올 수 있도록, 하나님과 교제를 나누어야 합니다.

요한복음 15장을 보면, 포도나무 가지가 포도나무에 붙어 있으면 저절로 열매를 맺는다고 합니다. 즉, 우리가 하나님께 붙어 있어서 그분과 더불어 교제하고 그분을 깊이 묵상하면 저절로 우리 성품이 바뀌게 됩니다. 우리 자신의 힘으로 노력해서 되는 것이 아닙니다. 하나님께 붙어 있으면 저절로 열매 맺게 됩니다.

그것이 바로 성령의 열매입니다. 하나님을 깊이 묵상한다는 것은 그분의 성품뿐만 아니라 마음을 바라보는 것입니다. 말씀을 보면서 '하나님이 지금 화가 나셨나? 기뻐하시나? 하나님은 지금 어떻게 하실까?'라고 생각해 보는 것입니다. 성경 본문 속에서 그 당시 하나님의 마음을 느끼고 확인하며 나누는 것입니다. "하나님, 저는 지금 화가 나서 죽겠는데요. 하나님은 어떠시죠?" "저는 지금 참 기쁨을 누리고 있는데, 하나님은 어떠세요?"

이렇게 하나님 마음과 내 마음이 어떠한지 나누는 것이 바로 말씀 묵상입니다. 놀라운 것은 말씀 묵상을 통해, 어떤 사건에 대한 내 마음과 하나님 마음이 달랐다는 사실을 발견하게 되는 것입니다.

## :: 우리를 끝까지 신뢰하시는 하나님

사탄이 교회를 공격할 때 자주 건드리는 것의 하나는 바로 재정 문제입니다. 부부나 형제, 또는 친구 사이에서 재정 문제로 관계가 깨어지는 경우가 있습니다. 그런데 이 문제는 교회 안에서도 나타납니다. 교회 안에서 신앙생활을 같이하다 보면, 서로 신뢰하는 마음으로 얼마씩 빌리기도 하고 빌려 주기도 합니다. 그러다 갑작스런 부도 때문에 그 돈을 갚거나 받을 수 없게 되는 일이 생깁니다. 그래서 관계가 깨집니다.

이런 일들을 당했을 때, 상대방에 대해서 어떤 태도와 마음을 가져야 할까요? 나를 계속 배반하고 속이는 사람을 어떻게 대해야 할까요? 여러분이 그런 일을 당한다면, 어떻게 하시겠습니까? 그 사람을 다시 만나도 여전히 신뢰하시겠습니까? 일흔 번씩 일곱 번까지 용서하라고 했는데, 정말 그렇게 할 수 있겠습니까?

이런 문제를 생각할 때에도 우리는 하나님을 생각해야 됩니다. '하나님! 이 상황에서 하나님은 어떻게 하십니까?'

하나님이라면 그 사람을 어떻게 대하실지, 그분 마음은 어떠하실지를 묵상해야 합니다.

하나님은 우리를 끝까지 신뢰하십니다. 그렇지 않다면, 어떻게 이 세상을 다스리는 권세를 우리에게 주시고, 온 천하에 다니면서 그분의 증인이 되라고 하셨겠습니까? 하나님이 우리 한 사람, 한 사람을 뜯어보며 '글쎄, 과연 믿을 수 있을까?'라고 못 미더워하시면서도 어쩔 수 없이 맡기신 것일까요? 또는 자칫 잘못이라도 하게 되면 '그럼 그렇지. 역시 얘는 믿을 수 없어'라고 하시며, 하나씩 체크하실까요? 하나님이 우리의 행위에 따라 우리를 판단하신 이후에 신뢰하시는 분인가요?

결단코 그렇지 않습니다. 심지어 우리가 하나님을 거역할 때조차도 하나님은 여전히 우리를 신뢰해 주십니다. 그분은 끊임없이 우리를 신뢰하시며, 우리를 붙들어 주고 인도해 주십니다. 그것이 바로 참된 믿음입니다.

믿음의 유무는 상황이나 대상에 따라 결정되는 것이 아닙니다. 상대방이 그 신뢰를 깨뜨리는 행위를 한다고 해도 그저 믿어 주는 것이 바로 믿음입니다. 그 사람을 정말 신뢰하고 용납하며 사랑해 주는 것이 믿음입니다. 그래서 믿음, 소망, 사랑은 다 같은 것입니다.

십자가에 달리시기 전, 예수님은 제자들과 성찬을 나누신 후에 "너희 중 하나가 나를 팔리라"고 하셨습니다. 그러자 다들 눈이 휘둥그레졌습니다. "누굽니까?" "저입니까?" "저입니까?"

그때 가룟 유다도 "저는 아니지요?" 하고 물었습니다. 이에 주님은 "네가 말하였도다"라고 하셨습니다. 그 말에 가룟 유다는 어떻게 반응했어야 할까요? "제가 정말 잘못했습니다. 주여, 저를 용서해 주십시오"라고 했다면 얼마나 좋았을까요? 그러나 유다는 그 자리에서 일어나 문을 박차고 나갔습니다. 그리고 예수님을 팔려고 대제사장에게로 갔습니다.

여러분은 유다의 모습을 보면서 어떤 생각이 드십니까? 만약 여러분이 그 자리에 있었더라면 뭐라고 했겠습니까? '저런 못된….' 분노가 일어나십니까? 여러분의 정서적 반응은 무엇입니까?

이때 우리는 주님에게로 시선을 돌려야 합니다. 문을 쾅 닫고 나서는 가룟 유다의 뒷모습을 바라보는 예수님의 마음이 어떠셨을지 생각해 보아야 합니다. 화가 잔뜩 나신 예수님이 이를 갈며 "내가 부활한 다음에 어떻게 되는지 두고 보자"라고 하셨을까요? 아닙니다. 가룟 유다가 분을 품은 채 문을 박차고 나간 후, 예수님은 이렇게 말씀하셨습니다.

> 지금 인자가 영광을 받았고 하나님도 인자로 말미암아 영광을 받으셨도다
> 요 13:31

예수님은 가룟 유다를 원망하거나 불평하지 않으셨습니다. 이런 상황에서도 예수님은 아버지를 바라보셨습니다. 그리고 아버지가 영광을 받으실 것을 바라보셨습니다. 예수님은 가룟 유다를 사랑하시되 끝까지 사랑하셨습니다(1절).

우리는 예수님, 그리고 이 아들을 통해 영광 받으실 하나님 아버지를 바라보아야 합니다. 그때 우리의 그릇된 정서와 마음이 치유됩니다. "제 마음은 그렇지 않아요. 주님, 저는 그렇게 할 수 없어요"라고 몸부림을 치다가도 주님을 묵상하면, 생각이 바뀌기 시작합니다.

요나의 이야기를 다시 나누어 봅시다. 요나의 말을 들은 니느웨가 회개하며 나오자, 하나님은 니느웨를 용서하십니다. 그러자 요나는

그 일을 싫어하며 심히 분노하기 시작합니다. 그는 자기가 죽을지언정 니느웨가 망하는 것이 합당하다면서, 분노하며 기도합니다. 그러자 하나님이 요나에게 이렇게 말씀하십니다.

"요나야, 내가 니느웨를 사랑하고 있는데, 네가 그러면 되겠니? 너도 니느웨를 사랑해야지. 너는 네가 수고하지도 않은 박넝쿨을 아꼈잖니. 그렇다면 니느웨에 12만여 명이나 되는 사람들이 있는데, 네가 그들을 아껴 주는 것이 당연하지 않겠니? 요나야, 나는 너뿐 아니라 니느웨도 사랑하고 아낀단다"(욘 4:10-11).

요나의 이야기는 여기서 끝납니다. 어떻습니까? 요나가 어떻게 반응했을 것 같습니까? 엉엉 울며 "하나님, 제가 악한 죄인입니다. 저는 니느웨를 용서할 수 없었습니다. 제 안에 악한 마음이 있었습니다. 저를 용서해 주십시오"라고 하면서 한없이 회개하며 울었을까요? 그랬다면 하나님은 분명히 요나의 눈물을 닦으시며 손을 잡고 일으켜 두 팔로 품어 안으셨을 것입니다. 그 모습이 눈에 선하지 않습니까?

:: 입장 바꿔 생각하기

요한복음 13장 23절을 보면, 요한이 예수님의 품에 안기어 성찬을 나누는 장면이 나옵니다.

> 예수의 제자 중 하나 곧 그가 사랑하시는 자가 예수의 품에 의지하여 누웠는지라

여러분도 예수님의 품에 안기고 싶지 않으세요? 예수님 품에 기대면 그 느낌이 어떨까요? 저는 정말 좋을 것 같습니다. 그런데 우리는 거기서 한 가지를 더 생각해야 합니다. '나를 품에 안으신 주님은 어떤 느낌이 드실까?'라고 말입니다. 그러나 우리는 너무 자기중심적으로만 생각합니다.

이와 관련하여 배운 재미있는 것이 있습니다. 산모가 아기를 낳으면 주변 사람들은 대개 산모를 걱정합니다. 특히 남편은 아기를 낳느라 고통스러웠을 아내 걱정을 많이 해줍니다.

그런데 아기 입장에서 한번 생각해 보셨습니까? 엄마 태에 있던 아기가 세상으로 나올 때, 어떤 느낌이 들까요? 아기를 낳아 보신 분들은 짐작할 수 있을 겁니다. 아니, 우리는 모두 모태에 있던 경험이 있기 때문에 잘만 돌이켜 보면 생각이 날지도 모릅니다.

아기가 모태에 있을 때는 수중에 떠 있으므로 정말 편안했을 것입니다. 그때야말로 세상에서 제일 편안한 상태였을 것입니다. 그러던 어느 날, 갑자기 이상한 일들이 벌어지기 시작했습니다. 머리가 부서질 듯 아프기 시작하더니, 편안한 어머니의 태와는 전혀 다른 세상으로 나오게 된 것입니다. 사람들은 태를 잘라 어머니에게서 아기를 완전히 분리시켜 버립니다. 이제 아기는 스스로 숨을 쉬며 살아가야 합니다. 이런 생각을 해보면, 아기에게 있어서 이 세상에 태어나는 일이 얼마나 두렵고 고통스러운 일이겠습니까?

이처럼 입장을 바꿔 생각하면 관점이 달라집니다. 우리는 '그럴 때 나는 어떨까?' 하고 자신만을 보는 데서 멈춥니다. 그러나 우리가 가장 먼저 해야 할 일은 하나님을 보는 것입니다.

:: 고슴도치를 품으시는 사랑

제 경험을 나누고 싶습니다. 저는 제가 다른 사람들을 힘들게 하거나 아프게 하지 않는다고 생각하며 살아왔습니다. 실제로도 많은 사람이 저를 좋은 사람이라며 칭찬해 주었습니다. 그런데 이런 저를 깜짝 놀라게 한 깨달음이 있었습니다. 바로 이 말씀을 묵상할 때였습니다.

> 사랑하는 자들아 우리가 서로 사랑하자 사랑은 하나님께 속한 것이니 사랑하는 자마다 하나님으로부터 나서 하나님을 알고 사랑하지 아니하는 자는 하나님을 알지 못하나니 이는 하나님은 사랑이심이라 요일 4:7-8

이 말씀을 읽다가 "사랑하는 자마다 하나님으로부터 나서 하나님을 알고 사랑하지 아니하는 자는 하나님을 알지 못하나니"라는 부분이 제 마음 깊이 들어오게 되었습니다. 그러면서 스스로 '나는 하나님을 아는 사람인가?'라고 질문하게 되었습니다.

명백하게 이 말씀은 형제를 사랑하는 자는 하나님을 아는 사람이라는 것입니다. 다시 말해, 형제를 사랑하지 않는 자는 하나님을 알지 못하는 자입니다. 이 말씀으로 제 영혼은 갈등하기 시작했습니다. '나는 하나님을 아는 사람인가?'

제가 이렇게 갈등하기 시작한 까닭은 진정으로 사랑해야 할 사람,

즉 형제를 사랑하기가 너무 어렵다고 생각했기 때문입니다. 그때부터 제 안에는 진정으로 하나님을 알아야 한다는 마음이 일어나기 시작했습니다. 진정으로 형제를 사랑하는 사람이 되고 싶었기 때문입니다.

긴 시간이 흘러 수개월, 수년이 지나면서 이 문제는 저의 중요한 기도제목이 되었습니다. 그러던 어느 날 하나님은 아주 충격적인 사건을 일으키셨습니다. 하나님을 알고 싶다는 저의 기도에 이렇게 응답하신 것입니다. "너는 네 모습이 어떤지 아느냐? 진정한 네 모습을 알기 전에는 내가 누구인지 알 수 없다."

저는 순간적으로 "저는 하나님을 사랑하는 사람입니다"라고 말한 뒤 잠시 머뭇거렸습니다. 그런데 갑자기 한 그림이 제 눈앞에 펼쳐졌습니다. 고슴도치의 모습이 보였는데, 온몸에 가시가 난 고슴도치는 다가오는 형제들에게 상처를 주어 아프게 하고 있었습니다.

그때 저는 속으로 이렇게 생각했습니다. '저런 고슴도치 때문에 형제들의 가슴이 멍드는 거야. 나쁜 고슴도치 같으니!'

그런데 놀랍게도, 하나님이 제게 이렇게 말씀하시는 것이 아니겠습니까? "이것이 네 모습이다. 바로 네가 고슴도치라는 것이다. 네가 네 형제들을 얼마나 아프게 하는지 아느냐? 너의 몸에 돋힌 가시가 네가 사랑하는 아내, 자녀, 형제들을 아프게 하고 있다."

이에 저는 놀라 외쳤습니다. "아니요, 저는 고슴도치가 아닙니다!"

그러나 계속해서 하나님은 또 다른 놀라운 모습을 보여 주셨습니다. 주님을 향해 달려가 그분 가슴에 안겨 참 쉼과 안식을 누리는 한 사람의 모습이었습니다. 그 사람은 바로 저였습니다. 저 때문에 주님

가슴이 멍들고, 제 몸에 나 있는 가시 때문에 주님 가슴에서 피가 흐르는 것을 보았습니다.

주님께는 아무런 가시가 없었습니다. 그러나 저에게는 수많은 가시가 있었습니다. 불순종의 가시, 거역의 가시, 무관심의 가시, 내 마음대로 행하는 가시, 교만의 가시, 음란의 가시 등이 주님의 마음을 아프게 하기에 충분했습니다. 또한 하나님께 헌신한다는 명분으로 가족에게 소홀히 하고, 무관심과 무정함으로 사람들을 대하며 고집을 부리고 마음대로 결정하여 상대방의 의견을 존중하지 않았던 행동들이 모두 가시가 되어 사람들을 아프게 하고 있었습니다. 저는 영락없는 고슴도치였습니다. 저는 이 가시들이 주님은 물론 형제들을 아프게 하고 있었음을 깨달았습니다.

놀라운 것은 제가 다가가려 하면 언제든 주님이 안아 주셨다는 사실이었습니다. 그분은 고슴도치 같은 저를 항상 받아 주셨습니다. 원망이나 불평이라는 가시를 가지고 나아갔을 때조차 가슴에 품어 주셨습니다. 그럴 때 저는 놀라운 평강을 누리며 그분의 사랑을 느낄 수 있었습니다.

그럼에도 저는 그 원망, 불평, 불순종, 무관심, 무정함의 가시를 대하시는 주님의 마음이 어땠을지 생각해 본 적이 한 번도 없었습니다. 제가 주님께 "저는 주님을 사랑해요"라고 말하며 달려가면, 저의 가시 때문에 그분의 가슴에서는 피가 흘렀습니다. 제가 주님께 가까이 가면 갈수록 저의 가시는 그분 가슴 깊이 박혔습니다. 가슴이 아프셨을 텐데도 주님은 저를 더욱 강하게 끌어안아 주셨습니다. 저를 사랑하시기 때문에 더 강하게 안아 주고 격려해 주고 위로해 주셨던 것입니다. 저는 그러한 주님과 마음을 나누게 되었습니다.

저는 주님의 품에 안겨 그분의 얼굴을 바라보았습니다. 제 가시 때문에 아프셨을 텐데도 그분의 얼굴에는 저를 향한 사랑이 넘쳤습니다. 그분의 따스함과 용서, 용납은 말할 수 없는 쉼과 안식이 되었습니다. 저는 한없이 감사하며 그분 품에 안겼습니다. 주님은 조용히 제게 말씀하셨습니다. "내가 너를 이렇게 사랑한 것처럼 너도 네 형제를 이렇게 사랑해야 한다."

이후로 저는, 가시를 품고 저에게 다가오는 형제를 가슴에 품으며 주님을 묵상하게 되었습니다. 제가 형제를 품게 되면, 그가 제 가슴에서 쉼과 안식과 평강을 누릴 수 있을 거라고 믿었기 때문입니다. 그런 뒤에 주님을 바라보면, 주님이 마치 이렇게 말씀하시는 듯했습니다. "이제 네가 나를 닮아 가는구나."

:: 하나님의 관심사에 주목하라

말씀을 묵상하면서 하나님을 깊이 생각할 때, 우리는 그분의 관심이 어디에 있는지를 살펴야 합니다. 하나님의 관심이 어디에 있는지 발견할 때, 그것은 우리 삶의 비전이 됩니다. '아, 하나님이 잃어버린 종족들을 향해 견딜 수 없는 마음을 갖고 계시구나.' 하나님의 이런 마음을 아는 사람은 선교지로 나가게 됩니다.

이전에 저는 "목사님, 저는 다른 곳은 다 가겠는데 아프리카는 갈 수 없을 것 같습니다. 왜냐하면 저는 좀 예민한 알레르기 체질이라서, 아프리카와 맞지 않거든요"라고 말하는 한 형제를 만난 적이 있습니다. 그때 저는 그 형제에게 이렇게 말했습니다. "형제님, 형제님은 하나님이 아프리카에 큰 관심을 두고 계시다는 사실을 잘 아는 사람이군요. 제가 생각하기에 하나님은 형제님을 아프리카로 부르고 계시는 듯합니다. 만약 그렇지 않았다면, 형제님에게 그런 마음이 생기지도 않았을 겁니다."

비전은 하나님의 관심사입니다. 말씀을 묵상할 때 우리는 하나님의 관심이 어디에 있는지 발견하고, 그 관심을 하나님과 함께 나누어야 합니다. 즉, 하나님의 관심에 함께 관심을 갖는 것입니다. 그것이 바로 말씀 묵상입니다.

말씀을 묵상하며 하나님의 관심이 어디에 있는지 계속 질문을 던져 보십시오. '아! 하나님은 여기에 관심이 있으시구나.' 그러면 우리는 그 삶을 위해 헌신하며 살아가게 됩니다. 저는 이것 때문에 정말 얼마나 오래 헤맸는지 모릅니다.

또한 우리는 하나님 삶의 방식에 집중해야 합니다. 하나님이 각각의 일들을 어떻게 처리하시며 각각의 문제를 어떤 방법으로 해결해 나가시는지 관심을 가져야 합니다. 하나님의 방법은 이 세상의 체계와는 전혀 다릅니다. 그래서 하나님을 깊이 묵상하면 할수록 우리 안에는 지혜와 총명이 생깁니다.

## :: 지혜와 총명, 묵상의 열매

유아 교육을 하시는 한 사모님을 만났을 때입니다. 유치원에서 미술 시간에 아이들을 교육할 때 대부분 꽃이나 사자, 호랑이, 로봇 등을 그리게 합니다.

그런데 성경말씀에 "입이 있어도 말하지 못하며 눈이 있어도 보지 못하며 귀가 있어도 듣지 못하며…그것을 만든 자와 그것을 의지하는 자가 다 그것과 같으리로다"(시 135:16-18)라는 구절이 있습니다. 이는 정말 무서운 말씀입니다. 말하지 못하는 것을 만들거나 그것에 자꾸 의지하면, 입이 있어도 말을 못하는 존재가 된다는 것입니다. 사람은 생각하는 것에 따라 그것을 닮아 가게 되어 있습니다.

만약 아이에게 로봇이나 사자를 그리고 색칠하라고 한다면, 아이 마음에 뭐가 들어올까요? 로봇이나 사자가 들어올 것입니다. 그래서 제가 만난 사모님은 유치원 교육을 다르게 한다고 했습니다.

맨 처음에는 아이들에게 아빠를 그리게 하고, 그다음으로는 엄마를 그리게 한답니다. 짐승이 아니라 아빠와 엄마를 생각하게 하는 것입니다. 대부분 아이는 엄마를 예쁘게 그리면서 아빠는 화난 모습으로 그린다고 합니다. 물론 정반대의 아이들도 있답니다. 그럴 때 사모님은 아이의 생각을 바로잡아 준다고 합니다. 생각을 바꾸어 주는 겁니다. 1년 동안에 아빠와 엄마를 표현하는 그림을 30여 장 정도 그리게 하는데, 이를 통해 아빠와 엄마에 대한 좋은 이미지를 자꾸 심어 준다고 합니다.

이렇게 하다 보면 어느새 아이의 아빠, 엄마 그림이 달라진다고 합니다. 더 놀라운 것은, 아빠와 엄마에 대한 생각뿐만 아니라 그들을 대하는 행동 역시 달라진다는 것입니다. 엄마에 대한 생각이 바뀌니까 엄마를 대하는 행동이 달라지는 것입니다. 아빠에 대한 생각이 바뀌니까 아빠를 대하는 태도가 달라지는 것입니다. 바로 이것입니다. 말씀 묵상이란, 하나님을 바라보는 눈과 생각이 말씀을 통해 바뀌는 것입니다. 이는 곧 그 삶의 변화로 이어집니다.

## :: 묵상의 초점을 하나님께 맞추라

하나님은 그분을 경외하는 자에게 총명을 주겠다고 말씀하셨습니다. 우리가 하나님을 깊이 묵상하면 그분은 자신을 계시해 주십니다. 우리는 이 계시를 통해 하나님이 어떤 분이신지를 봐야 합니다. 그것이 묵상입니다. 묵상의 초점은 오직 하나님께 있습니다.

제가 이 부분을 강조하는 이유가 있습니다. 저는 1974년에 묵상하는 법을 소개받았습니다. 그 후 거의 날마다 묵상해 왔는데, 풀지 못한 숙제가 하나 있었습니다. 앞서 언급한 요나 문제였습니다.

그러던 중 요한복음 5장을 읽었는데, "너희(유대인들)가 비록 성경을 열심히 연구하지만, 하나님께 나아오기를 원하지 않았다"라는 예수님의 말씀에 의문이 확 풀어졌습니다. 그것이 바로 제 문제임을 발견한 것입니다.

하나님은 우리가 그분을 묵상할 수 있는 계시의 방편으로 성경을 주셨습니다. 그럼에도 우리는 하나님을 생각하지 않고 다른 것만 열심히 생각합니다. 이는 사탄이 만들어 놓은 함정입니다.

우리는 먼저 하나님을 묵상해야 합니다. 그다음에 그분이 나를 어떻게 보시는지 살펴봐야 합니다. 하나님의 말씀을 먼저 듣고 그분의 동기를 살피고 분별해야지, 스스로 판단해서는 안 됩니다. 그래서 우리에게는 다림줄(암 7:7)이 필요합니다.

:: 하나님께 시선을 고정하라

우리는 시각을 좀 바꿀 필요가 있습니다. 눈을 돌려 하나님을 집중적으로 보고, 그분이 나에 대해 어떤 계획을 갖고 계신지 보자는 것입니다. 하나님이 그분에 대해 가르치시려고 성경을 주셨는데, 우리는 하나님이 아닌 엉뚱한 것만 봅니다. 골리앗과 다윗 이야기에서는 누가 보입니까? 사실 골리앗이 나일지도 모르는데, 나는 늘 다윗이라며 임의로 주인공을 결정해 버립니다.

예를 들어, 설교를 하거나 주일학교 교사로서 아이들을 가르칠 때 모두 다윗 이야기를 하면서 자기 이야기를 합니다. 다들 '어쩌면 그렇게 한 방에 골리앗을 물리칠 수 있었을까? 나도 물맷돌을 열심히 준비해야지. 내가 갖고 있는 물맷돌은 무엇일까?' 하는 생각을 합니다.

생각해 보십시오. 우리가 다윗을 집중해서 바라볼 때, 거기에 계신 하나님은 우리를 어떻게 바라보고 계실까요? 다윗을 만드신 하나님에 대해서는 관심이 없고 그저 다윗만 바라보는 우리를 어떻게 느끼실까요? 하나님은 그런 우리에게 뭐라고 말씀하실까요? "나를 보아라. 다윗이 그렇게 할 수 있었던 것은 다윗 자신의 힘 때문이 아니었다. 내가 그렇게 만들었기 때문이다."

하나님이 다윗을 어떻게 만드셨는지 바라봐야 할 텐데, 우리는 자꾸만 다른 것을 봅니다. 이것이 바로 우리의 문제입니다. 하나님이 그분 자신을 우리 가운데 드러내시는 계시의 또 다른 방편으로는 무엇이 있을까요? 이것을 알아야 하나님을 제대로 묵상할 수 있습니다.

:: 기도, 꿈, 환상, 그리고…

하나님이 그분 자신을 계시하시는 방법 가운데 하나는 기도입니다. 기도는 하나님과 영적인 교제를 할 수 있는 인격적인 만남입니다. 또한 하나님은 꿈과 환상으로도 그분을 계시하시며, 성령님의 초자연적 역사나 생활 속에서 일어나는 여러 사건 등으로도 스스로 계시하십니다. 그때에도 우리는 환상이나 꿈이 아니라 그것을 우리에게 주신 하나님께 관심을 두어야 합니다. 그 환상을 통해 우리 가운데 이루어질 일이 아니라 그 일을 이루실 하나님께 관심을 두어야 합니다. 이것을 놓치면 신비주의자가 되고 맙니다.

다니엘서를 묵상할 때의 일입니다. 다니엘은 많은 환상을 보았습니다. 느부갓네살 또한 환상을 보기도 하고 꿈을 꾸기도 했지만, 그것의 의미를 알지는 못했습니다. 반면 다니엘은 느부갓네살의 꿈이 하나님의 진노임을 알았습니다. 느부갓네살이 교만함으로 들에 사는 짐

승처럼 될 것임을 하나님께서 보이신 것이었습니다.

만약 여러분이라면 그러한 꿈 해석 앞에 어떤 기분이 들겠습니까? 여러분이 느부갓네살이라면 어떤 마음이 들겠습니까? 하나님이 우리를 저주하시는 말씀을 하실 때, 우리 마음에 낙심과 실망이 찾아올 수 있습니다. 그러나 우리는 그러한 말씀에 집중하는 것이 아니라, 그 속에 담긴 하나님의 마음을 알아야 합니다.

이러한 계시는 언제든 우리를 멸망시키겠다는 협박이 아닙니다. 하나님이 이러한 계시를 하시는 것은 우리를 그분께로 돌이키기 위함입니다. 우리가 그분께 돌아가면, 저주는 더 이상 우리에게 어떠한 효력도 없습니다. 그러므로 우리는 하나님의 말씀에 담긴 의미를 깨달아야 합니다.

말씀을 읽고 듣는 중에 마음이 낙망되는 것을 느낀다면, 묵상을 잘 못하고 있는 것입니다. 하나님의 마음을 오해하고 있는 것입니다.

우리는 우리 삶의 주변에서 일어나는 모든 일을 통해 하나님을 바라봐야 합니다. 그럴 때 하나님이 항상 우리 가운데 함께하시며 우리 삶을 인도하고 계심을 발견하게 될 것입니다.

우리가 사건을 보며 두려워하고 걱정하고 낙망하는 이유는 하나님을 보지 않기 때문입니다. 묵상을 안 하고 있는 것입니다. 또한 하나님의 형상으로 지음 받은 다른 사람들을 제대로 보지 못하기 때문입니다. 잘 보이지 않을 때는 기도해야 합니다. 왜냐하면 하나님은 지금도 계속해서 형제자매를 향해 "너는 내 형상이다"라고 말씀하고 계시기 때문입니다. 그러나 아무리 봐도 잘 보이지 않는다면, 내게 문제가 있는 것입니다.

하나님은 우리에게 "나는 너를 나의 형상을 따라 지었다"라고 말씀하시는데, 신학적으로는 그것을 가리켜 "구속받는다, 구원받는다"라고 합니다. 구원받는다는 것은 눈을 뜨는 것입니다. 형제자매가 하나님의 형상으로 보이는 것이 바로 구원입니다.

하나님은 제게 놀라운 것을 가르쳐 주셨습니다. 바로 제가 제 아내를 '자매'라고 부를 수 있게 된 것입니다. 모두 "형제님, 자매님" 하니까 다 그렇게 부르나 보다 했는데, 하나님이 나의 아버지이시기에 천국에 가면 내 아내는 자매이고 나는 형제임을 깨달았습니다. 그 순간 제 눈이 확 열렸습니다. 그 이후로 저는 아내에게 "당신은 나와 같은 아버지를 섬기는 나의 자매입니다"라고 말할 수 있게 되었습니다. 눈이 열린 것입니다.

:: 자연을 통해 말씀하시는 하나님

또 하나님은 자연을 통해서 아주 자연스럽게 우리 가운데 계시해 주십니다.

> 창세로부터 그의 보이지 아니하는 것들 곧 그의 영원하신 능력과 신성이 그가 만드신 만물에 분명히 보여 알려졌나니 그러므로 그들이 핑계하지 못할지니라 **롬 1:20**

이 말씀대로 예수님도 농부가 밭에서 씨 뿌리는 것을 보시며 하나님 나라를 보셨습니다. 한 알이 땅에 떨어져 죽고 싹이 나는 것을 보시면서 하나님 나라의 부활을 보셨습니다. 또 공중 나는 새를 보시면서 하나님 아버지를 보셨습니다.

> 공중의 새들을 보라. 새들은 씨를 뿌리거나 거두어들이거나 양식을 곳간에 모아들이지 않으나 먹을 것을 걱정하지 않는다. 하늘에 계신 너희 아버지께서 기르시기 때문이다. 그런데 너희는 새들보다 훨씬 더 귀하지 않느냐?
> 마 6:26, 현대인의성경

또 예수님은 들에 핀 백합화를 보시며, 하나님이 우리를 아름답게 입히실 거라고 말씀하십니다. "내가 산을 향하여 눈을 들리라 나의 도움이 어디서 올까"(시 121:1) 하고 걱정하며 산을 바라봤더니, 천지를 지으신 하나님이 나의 도움이 되신다는 고백이 나오는 것입니다.

이 세상의 모든 자연 만물은 하나님을 드러냅니다. 그런데 아담과 하와의 범죄 이후, 인간은 자연을 통해 하나님을 보는 데 상당히 많은 제한을 받게 되었습니다. 일그러지고 깨진 부분들 때문에 하나님을 잘 보지 못합니다.

계시에는 특별 계시와 일반 계시가 있습니다. 말씀을 통해 하나님이 누구신지 부지런히 알아 가면, 사건과 사람, 자연을 통해 그분이 훤히 보이기 시작합니다.

세상 사람은 단순히 사건이나 사람, 자연을 통해 하나님을 찾으려 애쓰고 있습니다. 그러다 보니 하나님과 비슷한 형상을 찾게 되는데, 그것이 바로 이방종교입니다. 이방종교는 기독교와 명백한 차이가 있습니다. 하나님이 누구이신지 알아 가는 방법도 매우 다릅니다. 우리는 모든 방법을 다 사용하여 하나님을 알아 가려 하지만, 가장 중요한 기초는 바로 말씀입니다. 그래서 말씀 묵상이 강조되는 것입니다.

목사 안수를 받고 몇 년이 지난 다음, 예수전도단에서 DTS를 받을 때의 일입니다. 하루는 간사님들이 자연을 묵상하라고 하면서 훈련생을 모두 밖으로 내보냈습니다. 처음에는 이게 대체 뭐하는 일인가 싶었지만, 그래도 밖으로 나가 풀 한 포기, 꽃 한 송이를 세심히 관찰했습니다. 그러다 보니 그 속에서 하나님을 발견하기 시작했습니다. '아! 이 부분이었구나.'

말씀이나 사건을 통해 하나님을 바라보고 그분의 성품이나 관심을 살피며 마음을 나누는 것, 생각과 관심을 나누고 삶의 방식을 나누는 것이 바로 묵상입니다. 제 경험에 비추어 볼 때, 무엇보다 이 부분을 바르게 정의 내리는 것이 중요합니다. 그래서 우리는 이제 사람이나 자연, 사건 등을 바라볼 때 하나님이 그것들을 어떻게 보시며 대하시는지 말씀을 통해 알아 가야 합니다. "하나님! 하나님은 은혜로우신 분이지만, 저는 도저히 용납할 수 없습니다. 하나님은 뜻을 돌이키시는 분이지만, 저는 절대로 제 마음을 바꿀 수 없습니다"라는 태도로 하나님을 대해서는 안 됩니다.

하나님을 안다고 하면서도 그분과 마음을 나누지 않고 살아가지는 않는지요? 하나님의 생각과 내 생각이 따로 있어서 그 사이에 벽이 있지는 않습니까? 어떻게 하면 그러한 벽을 깨뜨릴 수 있을까요? 말씀을 묵상하며 하나님과 마음을 나누는 시간들을 가지면 됩니다. 그러면 저절로 열매 맺게 됩니다. 기대되지 않으십니까?

하나님께 붙어 있으면서 그분의 마음과 관심을 갖고 나아가면, 성품과 생각이 저절로 바뀌며 삶이 변화됩니다. 앞서 말한 유아 교육을 통해 아이들의 태도가 바뀐 것처럼, 생각의 초점을 바꾸면 자연스럽게 삶이 바뀌고 관계가 바뀌게 됩니다.

:: 하나님의 눈으로 서로 바라보라

여기서 우리는 다시 요나의 이야기에 주목해야 합니다. 분명히 요나는 하나님의 음성을 듣는 사람이었으며, 그분을 경외하며 살고자 몸부림친 사람이었습니다(욘 1:1-2, 9). 그러나 그의 눈은 하나님의 눈과 달랐습니다. 하나님의 눈으로 니느웨를 보지 못했습니다. 요나에게는 하나님의 마음, 하나님의 눈이 없었습니다. 여전히 세상 사람과 동일한 마음과 눈을 갖고 있었습니다.

옛 사람의 마음과 눈을 버리지 않는 한 우리는 요나의 실수를 반복할 수밖에 없습니다. 하나님의 눈과 마음으로 형제를 바라보고, 자녀를 바라보고, 부모를 바라보고 남편(아내)을 바라보아야 합니다. 하나님이 요나에게 니느웨로 가라고 하신 이유는 물론 니느웨를 위해서이기도 했지만, 사실은 요나의 눈과 마음을 바꾸어 주시려는 의도였습니다. 이 또한 요나를 사랑하시기 때문이었습니다. 하나님은 이방인을 사랑하고 아끼시는 그분의 마음과 눈을 요나에게도 심어 주기 원하셨습니다.

저는 목회 현장에서 요나 이야기를 많이 나눕니다. 그리고 제 마음과 눈이 주님의 마음과 눈으로 바뀌기를 기도하며 살아갑니다.

제게 있어서 이 눈을 갖게 된 것은 마치 '제2의 중생'처럼 놀라운 일이었습니다. 하나님의 마음과 눈으로 세상을 다시 볼 수 있게 된 것은 참으로 놀라운 일이었습니다. 이 마음과 눈을 갖지 못했을 때, 저는 요나처럼 행동했습니다. 제게 상처와 아픔을 준 사람들이 변화될 때까지 기다릴 뿐이었고, "아버지, 아무리 생각해도 문제는 제가 아니라 저 사람에게 있습니다. 그러니까 저 사람을 변화시켜 주세요"라고 기도하며 살았습니다.

교회 안에도 이런 사람이 많습니다. 상대방의 문제만을 발견하고 그가 변화되기를 기도합니다. 그래서 교회 안에서 들리는 기도는 "아버지여, 남편을 변화시켜 주십시오"라는 기도입니다. 그러나 하나님은 우리의 기도가 달라지기 원하십니다. 우리가 하나님의 마음과 눈으로 기도 대상자를 바라보기 원하시는 것입니다. 우리는 이제 하나님이 보시는 눈으로 서로 바라봐야 합니다. 말씀 묵상은 이런 눈을 갖게 해줍니다.

"**이 시간**, 성령님께 간절한 마음으로 구합니다. 우리 사랑하는 형제자매들이 말씀을 펼 때나 어떤 일을 할 때, 오직 주님께만 모든 관심을 쏟을 수 있도록 눈을 열어 주소서. 성령님이여, 주의 영이 임하시면 눈 먼 자가 다시 보게 될 것이라고 말씀하신 대로 이 시간 우리 가운데 성령으로 기름부어 주시고 우리 눈을 열어 주시옵소서. 우리가 주님을 깊이 바라볼 때, 삶의 모든 문제가 풀어질 수 있음을 믿습니다. 하나님을 더 깊이 알아 가는 귀한 시간이 되도록 우리를 계속 인도해 주시옵소서. 예수님의 이름으로 기도드립니다. **아멘**."

말씀을 묵상하려면, 하던 일을 전부 내려놓고
하나님이 기다리고 계시는 자리로 나아가야 한다.
즉, 우리 마음의 초점을 오직 하나님께 맞춰야 한다.
그래야만 하나님과 깊이 있게 교제하며 이야기 나눌 수 있다.
성경 시대의 여러 사건 속에서 생생히 말씀하셨던 하나님이,
오늘날 우리에게도 친히 말씀하기 위해 사용하시는 도구가 바로 묵상이다.
말씀 묵상은 하나님을 알아 가는 스릴 넘치는 모험이다.

## 2부 말씀 묵상의 키워드

## 3장 말씀을 어떻게 묵상할까?

이제 '어떻게 말씀 묵상을 할 수 있을 것인가?' 하는 문제에 대해 살펴보겠습니다. '묵상'이 무엇인지 제대로 깨달은 우리는 "아! 이제 묵상해야지"라고 하며 단단히 다짐을 합니다. 그러나 생각처럼 잘 안됩니다. 왜냐하면 말씀 묵상이란 하루아침에 할 수 있는 것이 아니기 때문입니다. 계속 관심을 갖고 몇 가지 훈련을 해야 합니다.

고등학교를 졸업한 지 얼마 되지 않았을 때의 일입니다. 교회 선배가 말씀 묵상을 돕는 책을 소개해 주었습니다. 〈일용할 양식〉이라는 말씀 묵상집이었습니다. 처음에 저는 〈일용할 양식〉으로 성령님이 부어 주시는 깊은 은혜를 누릴 수 있었습니다. 정말 감동적인 시간이었습니다. 성령님이 하시는 일은 우리 생각을 뛰어넘기 때문에 각 사람에 따라 각양의 방법으로 역사하십니다. 그래서 저는 말씀 묵상에도 특별한 방법이 따로 있다고는 생각하지 않습니다.

그 후 직장 생활을 하다가 하나님의 부르심을 확인한 저는 신학교에 들어갔습니다. 그러다 말씀 묵상은 성경공부가 되어 버렸습니다. 아침마다 한두 시간 정도의 말씀 묵상 시간을 가졌지만, 그것은 묵상이 아니었습니다. 그야말로 철저한 성경공부 시간이었습니다. 물론 하나님의 인도하심으로 그 시간은 매우 유익했습니다. 저의 신앙생활이 말씀 위에 세워지는 시간이었습니다.

그러나 저는 이런 시간들이 저의 삶까지 변화시키지는 못한다는 것을 깨닫게 되었습니다. 저의 옛 사람은 고스란히 남아 있었으니까요. 점점 성경 지식이 쌓여 다른 사람에게 성경을 전달하는 능력이 날로 늘어났지만, 내면의 갈등은 여전했습니다.

더구나 사역 현장이 말할 수 없는 혼돈에 빠지는 바람에 저의 삶도 깊은 흑암으로 빠져 버리고 말았습니다. 교회는 그야말로 "혼돈하고 공허하며 흑암이 깊음 위에 있는" 상황이었고, 사람들의 마음은 메말라 가고 있었습니다.

날마다 말씀을 살폈음에도 성경공부 시간을 벗어나지 못하고 있던 저는 삶이 메말라 버리는 것을 경험하기 시작했습니다. 말씀은 제게 생명이 되지 못했고, 목마름만 더해졌습니다. 삶 속에 말씀의 지식이 능력으로 나타나지 못함을 발견하게 된 것입니다. 점점 말씀을 보는 시간이 줄기 시작했습니다. 말씀은 그저 설교 준비를 위해 볼 뿐이었습니다. 말씀을 보는 시간은 더는 제게 아무런 자극을 주지 못했습니다. 이러한 시간이 7여 년 정도 계속되었습니다. 정말 고통스러운 나날이었습니다. 계속 말씀을 읽었지만, 마음의 갈등과 혼돈, 흑암이 끝나지 않았습니다.

이런 상황 속에서 하나님은 제게 새로운 영적 성숙의 시간을 갖게 하셨습니다. 갈등과 혼돈, 흑암의 상황에서 벗어나기 위해 제가 택한 방법은 그곳을 떠나는 것이었습니다. "이 사역 현장에서 떠나자!" 다른 방법은 없었습니다. 그리고 성령님은 저를 새로운 곳으로 인도하셨습니다.

제가 이 책에서 나누는 내용들은, 그때 제가 새로운 삶의 현장으로 인도함 받는 계기가 된 말씀 묵상의 방법입니다.

## :: 말씀 묵상의 자리로 나아가라

말씀을 묵상할 때, 어떤 날은 묵상이 비교적 잘되는 반면 어떤 날은 아무리 노력해도 잘 안됩니다. 그 이유는 무엇일까요?

그렇게 묵상이 잘되지 않을 때, 여러분 자신을 바라보시기 바랍니다. 현재 상태에 어떤 차이가 있음이 발견되지 않습니까?

말씀을 묵상하려면, 하나님과 약속한 자리 가운데로 나아가야 합니다. 아니, 말씀 묵상뿐만이 아닙니다. 기도와 예배의 자리도 마찬가지입니다.

제 삶 가운데 하나님이 행하셨던 일들이 있습니다. 저는 그것을 잊지 못할 하나님의 축복으로 생각하고 늘 감사드립니다. 여러분은 어디에서 묵상을 하십니까?

> 거기서 내가 너와 만나고 속죄소 위 곧 증거궤 위에 있는 두 그룹 사이에서 내가 이스라엘 자손을 위하여 네게 명령할 모든 일을 네게 이르리라
>
> 출 25:22

이 말씀에서 관심을 두어야 할 부분은 "거기서 내가 너와 만나고"라는 구절입니다. 다시 말해, 하나님과 내가 인격적으로 만나는 처소가 있다는 것입니다. 여호와는 모세에게 "내가 그들 중에 거할 성소를 그들이 나를 위하여 짓되 무릇 내가 네게 보이는 모양대로…그 모양을 따라 지을지니라"(출 25:8-9)고 말씀하셨습니다.

우리는 "거기서"라는 부분에 특히 주목해야 합니다. 하나님이 모세와 만날 장소는 모세가 임의로 정한 것이 아니었습니다. 하나님이 정해 주셨습니다. '거기'는 속죄소가 있는 곳입니다. "속죄소 위 곧 증거궤 위에 있는 그 두 그룹 사이에서"였습니다. 하나님은 "거기서 내가 너와 만나겠다"라고 말씀하셨습니다.

생각해 봅시다. 우리가 믿는 하나님은 이 세상 어느 곳에나 항상 계신 분입니다. 이 세상 어디든 하나님이 계시지 않는 곳이 없습니다. 그렇다면 어딜 가든 우리는 하나님을 항상 만날 수 있지 않을까요? 그런데 왜 하나님은 굳이 일정한 장소를 정하여 성소를 만들게 하시고, 그 성소로 나아오라고 하셨을까요? 모세에게 거기서 만나자고 말씀하신 것이 우리에게 주는 의미는 무엇일까요?

물론 하나님은 어디든 계십니다. 그러나 하나님과 만나는 처소는 따로 있습니다. 처소는 하나님이 정하신 양식에 따라 우리가 만들어

야 하는 곳입니다. 그 성소를 만들면 하나님은 언제나 그곳에 임재하시며, 그곳으로 나아가는 우리를 언제든 만나 주십니다.

이스라엘 백성은 하나님의 말씀에 따라 성소를 만들었고, 하나님은 그 성소에 항상 임재하셨습니다. 하나님을 뵙고 싶을 때 이스라엘 백성은 언제든 성소로 나아가면 되었습니다. 하나님은 그분의 임재를 이스라엘 백성이 알 수 있도록, 그분의 임재의 상징인 불기둥과 구름기둥이 성소 위에 머물게 하셨습니다(출 40:38). 불기둥과 구름기둥이 움직이는 것은 곧 하나님이 움직이시는 것이었기에, 백성은 불기둥과 구름기둥이 움직이는 대로 따랐습니다.

그러나 지금 시대에는 성막이 없습니다. 그러면 어떻게 하나님의 임재하심으로 나아갈 수 있을까요?

물론 성소라는 외형은 모두 사라졌습니다. 그러나 저는 이스라엘 백성에게 성소로 나아오라고 하신 하나님의 원리와 원칙은 지금도 똑같이 우리 삶 속에서 적용된다고 믿습니다. 만약 하나님이 "내게로 나아오라"고 하시면, 여러분은 어떻게 하시겠습니까? 제일 먼저 무엇을 하시겠습니까?

개인적으로 저는 이런 도전에 심각하게 고민했습니다. 어느 날 예배드릴 때, 인도자가 "여러분, 하나님께 더 가까이 나아가십시오!"라고 도전한 것입니다. 자주 듣던 말이긴 했지만, 그날따라 그 말이 제 마음을 크게 흔들었습니다. 그래서 저는 주님께 "제가 주님께 더 가까이 나아가려면 어떻게 해야 합니까?"라고 질문했습니다. 저는 당황하고 있었습니다. 어떻게 해야 할지 몰라 머뭇거리고 있었습니다.

그때 성령님은 제게 성막의 그림을 보여 주셨습니다. 이스라엘 백성이 여호와 하나님을 뵙고자 나아가는 모습이었습니다. 여호와 하나님께 나아가려면 성막으로 가야 했고, 그 성막 문을 열고 들어가 성소까지 나아가야 했습니다. 물론 이스라엘 백성 모두 지성소 안으로 들어갈 수 있던 것은 아닙니다. 성소는 제사장들만이 들어갈 수 있었고, 지성소는 대제사장만이 들어갈 수 있었습니다. 그러나 제사장들은 곧 백성을 대신하여 나아간 것이기 때문에, 그것은 백성이 나아간 것이나 다름없었습니다.

이 그림을 통해 성령님은 하나님께 나아가려면 어떻게 해야 하는지 가르쳐 주셨습니다. 온 천지에 계신 하나님이 일정한 장소를 정해 그곳으로 나아오라고 하신 것은 우리에게 마음을 정하라고 말씀하시는 것입니다. 즉, 하나님 앞으로 나아가려면 준비 과정이 필요합니다.

하나님 아버지께로 나아가는 과정이란 구체적으로 어떤 것일까요? 하나님 가까이 간다는 말은 무슨 뜻일까요?

주일이면 우리는 예배를 드리려 교회에 나옵니다. 분명히 몸은 교회에 왔는데, 마음은 집을 왔다 갔다 합니다. 예배를 드리는 도중에 그런 일이 일어납니다.

특히 예배 중에 쉽사리 꺼 놓지 못하는 핸드폰이 그 증거입니다. 요즘에는 다들 핸드폰을 갖고 있으니까, 예배 중에 곧잘 "삐리릭" 하고 벨이 울립니다. 심지어 예배 중에 밖으로 나가 전화를 받는 사람도 있습니다. 비록 몸은 예배를 드리고 있지만, 세상 어느 누구에게나 마음이 열려 있는 것입니다. 마음이 다른 데 가 있다는 표시입니다.

몸이 세상 속에 있어도 하나님이 연락하시면 즉시 받을 준비가 되어 있어야 당연한데, 오히려 하나님 앞에 나와 있으면서도 바깥에서 연락이 오면 즉시 반응할 준비가 되어 있습니다. 늘 세상을 향해 마음이 열려 있는 것입니다. 이렇게 마음이 왔다 갔다 한다면, 우리는 하나님께 나아가지 못합니다.

이처럼 하나님이 정해진 장소로 가까이 나아오라고 하시는 이유가 무엇인지 깨달은 이후, 저는 그 사실을 늘 기억하려 애쓰고 있습니다. 묵상할 때마다, 예배 시간마다 끊임없이 훈련하는 부분입니다.

그러면 하나님이 지정된 장소에서 만나자고 하실 때 그곳으로 나가려면 어떻게 해야 할까요? 제일 먼저 무엇을 준비해야 할까요?

## :: 하나님을 만나기 전에 준비할 것들

지성소로 나아갈 때 이스라엘 백성은 제일 먼저 몸과 마음을 씻었습니다. 마음을 씻는다는 것은 무엇입니까? 정결한 마음을 준비하려고 회개부터 하는 것입니다. 몸을 씻는다는 것은 무엇입니까? 하나님 만날 것을 기대한다는 것입니다. 그리고 구약시대 이스라엘 백성은 회개하기 위해 제물을 준비했습니다.

레위기를 보면 이에 대해 주님이 뭐라고 말씀하셨는지 정확하게 나옵니다. 제일 먼저 해야 할 일은 제물을 준비하는 일입니다. 물론 목욕을 하고 깨끗한 옷을 입어야 하고, 제물을 양으로 할지 비둘기로 할지 또는 형편에 따라 곡식으로 할지 정해야 합니다.

하지만 무엇보다 중요한 것은 따로 있습니다. 제물을 준비하려면 자기가 지금까지 하던 일들을 모두 내려놓아야 합니다. 하던 일들을 멈추지 않고 제물을 준비할 수는 없습니다. 이를 강조하는 이유는 많은 사람이 하던 일을 끝내지 않은 채 예배를 드리러 나오기 때문입니다. 하나님을 만나려고 성경은 폈지만, 하던 일은 여전히 손에 들고 있는 것입니다. 지금 우리는 예배드릴 때 제물을 따로 준비하지 않기 때문에 이에 대해 실감할 순 없지만, 구약시대 때 백성은 제물을 준비하려면 반드시 하던 일을 끝내야만 했습니다.

:: 마음의 채널을 주님께 맞추기

하나님 아버지를 만나는 가장 좋은 본이 있습니다. 바로 예수님입니다. 기도하실 때면 예수님은 새벽 미명에 한적한 곳으로 가셨습니다.

> 새벽 아직도 밝기 전에 예수께서 일어나 나가 한적한 곳으로 가사 거기서 기도하시더니 막 1:35

> 예수는 물러가사 한적한 곳에서 기도하시니라 눅 5:16

'물러간다'는 것이란 무엇일까요? 구체적으로 어떤 행동을 의미할까요? 이것은 헬라어로 '휘포코레오'라는 말인데, '휘포'라는 말과 '코레오'라는 말이 연합된 형태입니다. 이 말의 문자적 의미는 '아래로 내려가서 자리를 만든다'입니다. 즉, '내려앉는다'는 것입니다. 자기가 머물던 자리에서 내려온다는 의미입니다. 또한 지금 하는 일에서 떠나 조용히 머무를 곳을 만든다는 의미입니다.

영어 성경은 휴포코레오를 'withdraw'라는 단어를 사용하여 번역하는데, 이 단어에는 '은퇴하다'라는 뜻이 담겨 있습니다. 이 은퇴한다는 뜻은 휴포코레오의 의미를 잘 설명해 줍니다.

분명 은퇴는 퇴근을 하거나 정기 휴가를 가는 것과 확연히 다릅니다. 퇴근 후나 휴가 때는 일하지 않지만, 다시 출근하거나 휴가가 끝나면 특별한 일이 없는 한 전과 똑같이 일합니다. 누군가 퇴근을 하거나 휴가를 가면, 회사는 그 사람의 자리를 계속 비워 놓습니다. 그러나 은퇴는 다릅니다. 은퇴는 그 일을 완전히 끝내는 것입니다. 은퇴하고 난 다음 날 직장으로 다시 가 봐도, 더 이상 내 자리는 없습니다. 다른 사람이 그 자리에 앉아 있습니다.

이처럼 예수님은 하나님 아버지 앞으로 나아갈 때, 하시던 사역을 다 내려놓고 나아가셨습니다. 하나님 아버지께 나아가는 우리의 자세 또한 이래야 합니다. 지금 당면한 문제를 다 내려놓지 않으면, 우리 마음이 하나님께로 돌아갈 수 없습니다. 지금 거기로 나아오라는 하나님의 가장 큰 뜻은 "네 마음의 채널을 내게로 바꾸라"는 것입니다. 지금 하는 일 때문에 걱정스럽고 생각이 복잡하겠지만, 세상 가운데 쏟았던 마음의 초점을 하나님께로 돌리라는 뜻입니다. 제물을 준비하라고 하신 참뜻도 우리 마음의 채널을 주님께로 맞추라는 의미인 것입니다.

## :: 감사함으로 나아가라

하나님께 나아갈 때, 오늘날의 우리도 제물을 준비해야 합니다. 그러면 우리는 어떤 제물을 준비해야 할까요? 우리의 제물이 되신 분이 계십니다. 다시 말해, 세상의 복잡한 일들을 내려놓은 우리가 이제 기억해야 할 분이 계십니다. 그분은 예수 그리스도이십니다. 우리는 그분과 함께 성전으로 나아가야 합니다. 예수님은 우리를 대신해 번제물이 되셔서, 우리를 묶고 있던 모든 죄의 근원을 풀어 주셨습니다.

우리는 우리의 모든 죄를 대신하여 제물이 되신 어린양을 기억해야 합니다. 그 어린양께 감사해야 합니다. 이스라엘 백성이 "양아, 고맙다. 네가 아니었으면 내가 죽어야 하는데, 너의 죽음을 통해 내가 살게 되었다"라고 하면서 양에 대해 고마워하며 하나님 앞으로 끌고 나오는 것처럼, 우리 또한 어린양 되신 예수님께 감사해야 합니다.

하나님이 정하신 '그곳'으로 나아가기 위해 우리는 예수 그리스도께서 십자가에서 행하신 일들을 묵상하며 감사함으로 나아가야 합니다. 십자가 때문에 마음이 움직이고 감격하여 하나님의 임재하심 가운데로 나아가야 합니다. 우리가 하나님의 임재로 나아가지 못하는 까닭은 예수 그리스도의 십자가 은혜에 감격하지 못하기 때문입니다. 십자가 은혜에 감사하지 못하는 마음, 부족하다고 원망하는 마음이 우리로 하여금 하나님께 나아가지 못하게 합니다.

그래서 우리는 묵상할 때 먼저 감사하는 마음으로 하나님께 나아가야 합니다. "주님, 저를 대신하여 제물이 되어 주셔서 감사합니다.

주님이 저의 모든 것 되십시오."

우리는 주님께 감사하며 한 걸음 더 나아가야 합니다. 하나님은 우리가 회개할 때마다(성막의 '물두멍' 상징) 예수 그리스도의 보혈로 우리를 정결케 해주시며 용서해 주십니다. 우리는 이제 그 놀라운 하나님의 사랑을 기억하며 날마다 감사해야 합니다.

물론 여기에서만 머물면 안 됩니다. 빗장을 열고 성소 안으로 들어가야 합니다. 성소 안을 보면 열두 개의 진설병이 놓여 있습니다. 이는 열두 지파를 상징합니다. 제사장은 떡을 하나하나 새것으로 바꾸며 열두 지파를 기억합니다. '이것은 유다, 이것은 레위, 이것은 르우벤, 이것은 갓….' 이처럼 우리는 왕 같은 제사장이 되어 성소에 들어가, 우리 생명의 양식이 되시고 우리 삶의 떡이 되시는 예수 그리스도께 감사드려야 합니다. 모든 민족의 생명 되신 주님께 감사드리면서 떡덩이를 하나하나 바꾸어야 합니다. '이것은 우리나라를 향한 생명의 떡, 또한 이것은 북한을 위한 생명의 떡, 그리고 이것은….'

또한 성소 안에는 일곱 등대가 있습니다. 위에서 감람유를 부으면, 연결된 호수를 통해 그 기름이 등대로 흘러 들어가게 됩니다. 그 기름으로 불을 피웁니다. 여기서 우리는 주님이 내 생명의 빛이 되시고 내가 가야 할 길의 빛이 되시며, 내 마음의 어둠을 밝혀 주시는 분임을 기억해야 합니다. 지금까지 살아오는 동안 어둠과 혼란 가운데 있을 때면 언제나 빛이 되어 주신 주님께 감사드려야 합니다.

그리고 성소에서 피우는 향은 성도의 기도입니다. 우리가 드리는 모든 기도는 하나님께 열납됩니다. 지금도 예수님은 하나님의 우편

보좌에서 우리를 대신하여 중보기도하고 계십니다. 우리는 그 예수님을 기억하며 감사드리고 찬양해야 합니다.

즉 우리는 예수 그리스도께서 우리를 위해 행하신 놀라운 일들을 기억하면서, 그분을 우리에게 주신 하나님 아버지께 감사드려야 합니다. 예수님을 찬양하고 하나님을 찬양하고 성령님을 찬양하며, 점점 성소 안으로 나아가야 합니다.

예수님은 "내가 곧 길이요 진리요 생명이니 나로 말미암지 않고는 아버지께로 올 자가 없느니라"(요 14:6)고 하셨습니다. 하나님 아버지께 나아가는 통로는 오직 예수 그리스도뿐입니다. 성소로 나아가는 것은 곧 예수 그리스도를 상징합니다.

이제, 우리 영혼이 하나님께 조금씩 가까이 나아간다는 것에 대해 이해할 수 있겠습니까? 그 절차들이 이해되십니까?

구약시대의 모든 절차는 신약으로 넘어오면서 모두 사라졌습니다. 성막이라는 장소의 개념이 달라졌습니다. '거기서 만나자'는 것은 우리가 처한 곳이 어디든 거기서 묵상하는 것입니다. 그러나 변하지 않은 것이 있다면, 그 안에 담긴 의미입니다.

오늘날 우리는 구약시대와 동일하게 준비 과정을 거쳐야 합니다. 나를 일으켜 세우신 주님과 더불어 십자가를 묵상하면서 모든 과정을 하나하나 통과한 뒤 주님 앞으로 나아와야 합니다.

주님 앞으로 나오라는 인도자의 도전에 당황했던 저와 같은 경험을 하는 사람이 또 있을까 싶어서, 다시 한 번 자세히 말하겠습니다. 하나님은 어느 곳에나 다 계시는 분입니다. 그럼에도 우리에게 묵상의 자리로 나오라고 하시는 이유는 우리 마음이 오직 하나님만을 향하게 하기 위함입니다.

말씀을 펼 때나 예배를 드릴 때나 매 순간 어디서든 하나님께로 나아가기로 결정하는 순간, 성막의 그림을 머릿속에 그리며 나아가는 훈련을 해야 합니다. 즉, 감사와 찬송을 드리며 나아가야 합니다.

여러분, 지성소 안은 매우 깜깜합니다. 그곳은 아무런 빛이 없고 아무런 소리도 들리지 않습니다. 그야말로 하나님을 잠잠히 기다릴 수밖에 없는 공간입니다. 그곳에서는 우리가 할 일이 전혀 없습니다. 오직 잠잠히 주님을 대면하여 만날 뿐입니다.

그때 하나님이 우리에게 말씀하십니다. 하나님의 임재는 빛이 됩니다. 마음에 밝은 빛이 됩니다. 하나님이 빛이시기에, 거기에는 세상의 빛이 필요 없습니다. 지성소는 그 빛의 임재를 기다리는 곳입니다. 오직 하나님만이 나의 빛이 되시는 곳입니다. 이 빛이 임할 때 우리는 주님과 깊은 교제 가운데 들어가게 됩니다.

그곳에서 우리는 주님의 사랑을 마음껏 누리고, 주님께 우리의 헌신을 드립니다. 또한 주님은 우리가 해야 할 일들을 말씀하시고, 주님의 마음을 보여 주십니다. 주님의 눈으로 세상을 다시 보게 하십니다. 지성소, 그곳은 주님과 나만의 장소입니다.

:: 관찰 훈련하기

이제 말씀 묵상의 자리에서 말씀을 펴고 말씀 속으로 들어가 봅시다.

말씀을 관찰하려면, 몇 가지 안목이 필요합니다.

사건 현장을 취재하는 기자의 마음으로 성경 속 현장을 관찰해 봅시다. 혹은 드라마 연출자가 되어 그 성경 속 사건을 드라마로 재구성해 본다고 가정하여, 배경이나 분위기 등을 구상하고 등장인물들을 어떻게 분장시킬지 등을 관찰해 봅시다.

먼저 관찰과 묵상이 어떻게 다른지, 어떻게 관찰에서 묵상으로 넘어갈 수 있는지를 나누어 보겠습니다.

> 그날에 그들 중 둘이 예루살렘에서 이십오 리 되는 엠마오라 하는 마을로 가면서 이 모든 된 일을 서로 이야기하더라 눅 24:13-14

두 제자가 예루살렘에서 엠마오로 내려가고 있습니다. 그날은 예수님이 부활하신 날이었습니다. 이들은 예수님이 부활하셨다는 소식을 들었습니다. 그러나 그들은 주님의 부활하심을 믿을 수 없었습니다(눅 24:11). 그들의 마음은 몹시 복잡했을 것입니다. 그들은 예수님의 부활을 믿는 믿음을 갖고 내려간 것이 아니라, 그 부활의 소식을 허탄하게 여기며 내려가고 있었습니다.

그들이 서로 이야기하던 "모든 된 일"이란 무엇일까요? 어쩌면 그들 자신의 삶에서 일어났던 모든 일일 것입니다. 그들은 하던 일들을 모두 다 버리고, 3년 반 동안 열심히 예수님을 따라다녔습니다. 그동안 그들은 아주 좋은 시간을 보냈습니다. 그들은 예수님을 온전히 신뢰했습니다. 그런데 갑자기 예수님이 십자가에 못 박혀 돌아가시니,

얼마나 황당했겠습니까? 심지어 그 일로 자기들의 생명까지 위협받게 되었으니 말입니다. 예수님을 향한 그들의 믿음은 산산이 깨지고 말았습니다.

제자들은 예수님이 예루살렘의 왕으로, 이스라엘의 왕으로 통치하실 날을 기다리고 있었습니다. 예수님 우편과 좌편에 앉게 될 것을 꿈꾸고 있었습니다. 그런데 실망스럽게도 그렇게 기대했던 예수님이 십자가에 못 박혀 돌아가시고 말았습니다.

따라서 예수님께 일어났던 그 모든 일들은 남의 이야기가 아니었습니다. 제자들 본인에게 아주 결정적인 영향력을 미치는 엄청나게 충격적인 사건이었던 것입니다.

## ::사건 현장에서 관찰하라

두 제자가 자기들의 삶의 현장에 일어난 "이 모든 된 일을 서로 이야기하더라"는 것을 살펴보는 것을 관찰이라고 말할 수 있습니다. 사건 관찰에는 중요한 원칙이 있습니다. 그것은 그 사건의 현장성입니다. 예수님께 일어난 일들은 엠마오로 내려가던 두 제자들의 삶에 직접적인 영향을 미치는 일들이었습니다. 그래서 예수님의 부활 소식을 서로 이야기하는 제자들은 슬픈 빛을 감추지 못했습니다.

> 예수께서 이르시되 너희가 길 가면서 서로 주고받고 하는 이야기가 무엇이냐 하시니 두 사람이 슬픈 빛을 띠고 머물러 서더라 눅 24:17

예수님이 십자가에 못 박혀 돌아가셨다는 성경말씀을 읽을 때, 그 일은 여러분에게 얼마나 큰 영향을 미칩니까? 예수님이 돌아가셨다는 사실이 여러분에게 아무런 영향을 주지 못하고 있지는 않습니까? 마치 남의 일처럼 여기지는 않습니까? 예수님이 십자가에 못 박혀 돌아가시는 장면을 읽을 때면 어떤 생각이 듭니까? 많은 사람이 성경의 사건을 자신과 거의 관계없는 것처럼 그냥 읽습니다.

극장에서 영화나 연극을 보는 것을 떠올려 봅시다. 감동을 받아 울기도 하고 웃기도 하지만, 연극과 나는 아무런 상관이 없습니다. 무대에 섰던 사람들이나 무대에서 일어났던 사건은 연극이 끝난 이후 나에게 큰 영향을 끼치지 못합니다.

우리는 영화나 연극을 보듯 성경을 읽습니다. 하나님의 역사하심에 감동을 받아 울기도 하고 웃기도 하지만, 그 사건은 우리에게 엠마오로 내려가는 두 제자만큼 심각한 일이 아닐 수도 있습니다. 사실 저도 그랬습니다. 성경의 모든 사건을 그저 밖에서 안을 들여다보듯 했습니다. 마치 텔레비전 드라마를 보듯이 한 경우가 참 많았습니다.

그래서 많은 사람이, 예수님이 십자가를 지고 가신 장면을 관찰하라고 하면 지식적으로 분석하고 논리적으로 분석합니다. 그러나 거기에는 으레 사건의 현장성이 상실되어 있습니다.

## :: 기자의 시각으로 다가가라

성경에는 아주 짧은 요절들이 많습니다. 이런 말씀은 어떻습니까?

예수는 감람산으로 가시니라 8:1

이런 말씀은 이 구절 하나만으로 관찰하는 것이 불가능합니다. 이 구절이 담고 있는 사건으로 들어가야 합니다. 예수님은 왜 감람산으로 가셨는가? 동행인은 있었는가? 누구였는가? 그때 어떤 일들이 벌어졌는가? 이런 것들이 관찰되어야 사건이 형성될 수 있습니다. 이러한 부분을 통해 사건의 현장성을 관찰할 수 있고, 그 상황에서 주님의 마음을 느껴 볼 수 있습니다. 주님을 따르면서 그분의 마음을 느껴 보고, 주님의 표정도 살펴보면서 말없이 그분과 감람산으로 가는 것입니다. 조용히 그분과 함께 감람산에서 머무는 것입니다.

요한복음 8장 1절은 아주 짧은 말씀이지만, 주님과 동행하며 밤을 새워야 하는 말씀입니다. 그 조용한 감람산의 현장에서 그분과 함께 머물면서 그분을 바라보는 것, 그것이 바로 사건 현장에서 관찰하는 것입니다.

## ::마음속에 있는 것을 끄집어내라

사건의 현장성이 살아나면, 내 마음이 움직입니다. 그리고 그 사건은 내 삶에 직접적인 영향을 미치게 됩니다.

더 나아가 우리는 기자의 마음으로, 현장에 있는 사람으로서 그 사건을 주도적으로 파악해 볼 수 있어야 합니다. 기자가 되어, 사건 당사자들에게 왜 그런 일이 일어났는지 질문을 던져 볼 수 있습니다. 그 사건에 대해 성경 속 등장인물들과 이야기 나눠 볼 수 있습니다. 물론 그런 나눔은 우리 마음속에서만 가능한 일입니다. 그 사건 속의 사람들과 인격적으로 만날 수는 없습니다.

성경 본문의 관찰은 엠마오로 내려가는 두 제자가 서로 이야기 나누는 것과 같습니다. "서로 이야기하더라"는 표현에서 '서로'는 두 제자, 즉 사람과 사람의 대화입니다. 어떤 사건에 대해 서로 이야기 나누는 것입니다. 우리는 그렇게 성경인물들과 이야기 나누어야 합니다. 또한 성경을 기록한 사람과도 나누어야 합니다. 내 마음속 깊이 있는 것들을 끄집어내어 그 사건을 대하는 나의 태도나 마음을 드러낼 수 있어야 합니다. 그것이 바로 관찰입니다.

사건을 관찰할 때는 내 마음이 드러나야 합니다. 내 사고방식이 드러나야 합니다. 성경에 기록된 사건을 관찰할 때 내 마음속에서는 어떤 일이 일어나는지 볼 수 있어야 합니다. 사건을 대하는 내 속사람이 어떻게 반응하는지 살펴봐야 합니다.

다시 요한복음 8장 1절의 말씀을 보십시다. 예수님이 감람산으로 가시는 것을 보는 여러분의 마음은 어떻습니까? 제자들은 어디론가 다 사라져 버렸습니다. 대제사장들과 서기관들은 그분께 혹독한 비난을 퍼부었습니다. 사람들이 각각 다 집으로 돌아가 버렸을 때, 예수님은 홀로 감람산으로 가셨습니다.

여러분은 어떻게 하시겠습니까? 만약 여러분이 집으로 돌아가 버린 사람이라면, 예수님에 대해 어떻게 반응하는 것일까요? 또는 예수님을 따라 감람산으로 간다고 하면, 그분께 뭐라고 하시겠습니까? 다른 제자들을 비난하시겠습니까? 대제사장들과 서기관들에 대해서 분노하시겠습니까? 여러분은 어떻게 반응하시겠습니까?

말씀을 묵상할 때 사건의 현장성이 살아나면 내 마음도 반응하게 됩니다. 눈물이나 분노, 침묵 등 내 마음의 모습이 일어납니다.

:: 하나님과의 인격적인 교제로 전환하기

이제 우리는 사건의 관찰에서 하나님을 바라보는 말씀 묵상으로 전환해야 합니다.

> 그들이 서로 이야기하며 문의할 때에 예수께서 가까이 이르러 그들과 동행하시나 눅 24:15

관찰에서 묵상으로 전환하는 것은 생명 있는 묵상을 하는 데 가장 중요한 부분입니다. 우리는 관찰에서 끝내려고 관찰하는 것이 아닙니다. 관찰은 묵상을 위한 것입니다. 좋은 관찰은 좋은 묵상을 위한 것입니다. 관찰이 사건 현장에 관한 인격적인 반응이라면, 이제 그 사건 속에 계시는 하나님과 인격적인 교제를 나누는 것을 묵상으로의 전환이라 하고 싶습니다. 이는 코페르니쿠스적 전환입니다. 시선을 사건에서 하나님께로 돌리고, 사람과의 관계에서 하나님과의 인격적인 관계로 전환하는 것입니다.

생명 있는 묵상을 위한 첫 번째 원칙은 임마누엘(하나님이 우리와 함께 계시다) 원칙입니다. 엠마오로 내려가던 두 제자는 예수님이 부활하셨다는 소식을 들었지만, 그 주님이 자기들과 동행하고 계시리라고는 상상도 못했습니다. 눈이 가리어져서 예수님을 알아보지 못했습니다.

만약 그들이 예수님을 알아봤더라면 어떤 일이 벌어졌을까요? 서로 이야기 나누면서 슬퍼하고 걱정하고 낙심했던 모든 것이 더는 아무런 문제가 되지 않았을 것입니다. 주님께 그들 마음속의 궁금증을 물어보지 않았을까요? "주님, 정말 살아나셨군요?" 그러면서 "저희를 용서해 주세요. 저희는 정말 믿을 수 없었어요. 죄송해요"라고 하지 않았을까요? 그러나 눈이 가리어진 그들은 자신들과 동행하시는 주님을 알아보지 못했습니다.

중요한 것은 이것입니다. 비록 눈이 가리어져서 예수님을 알아보진 못했지만, 그래도 주님은 그들과 동행하셨다는 사실입니다. 이것이 우리의 믿음입니다. 예수님의 다른 이름은 임마누엘입니다. 주님은 승천하시면서 우리에게 이렇게 약속하셨습니다.

> 볼지어다 내가 세상 끝 날까지 너희와 항상 함께 있으리라 마 28:20

우리는 하나님이 우리와 항상 함께하신다는 사실을 믿습니다. 그런데 무엇이 문제입니까? 그 약속대로 주님은 항상 우리와 동행하시지만, 우리 눈이 가리어져서 주님을 알아보지 못한다는 것입니다.

제 삶에서 이 부분은 아주 중요한 사건이었습니다. 주님을 영접한 이후로 20년이 넘도록 저는 주님이 항상 동행하신다는 사실을 믿으며 살아왔습니다. 어떤 사건이 지난 후엔 언제나 그 일 가운데 주님이 함께하셨음을 깨달았습니다. 그러나 정작 사건 현장에서는 나 혼자 생활할 때가 얼마나 많았는지 모릅니다.

저는 제가 모든 일 가운데 함께하시는 주님을 느끼며 살지 못했음을 깨닫게 되었습니다. 저의 삶은 엠마오로 내려가는 두 제자가, 동행하는 주님을 알아보지 못했던 것과 꼭 같았습니다. 우리는 예수님이 언제나 동행해 주신다는 사실을 믿음의 눈으로 바라보아야 합니다. '임마누엘' 하나님은 우리가 성경 읽을 때뿐만 아니라 길을 가거나 홀로 있을 때에도, 별로 좋지 못한 행동을 할 때에도 동행해 주십니다. 이 사실이 믿어지십니까? 이것은 정말 중요한 일입니다.

생명 있는 묵상을 위한 두 번째 원칙은 누가복음 24장에 나타나 있습니다. 17절을 살펴보십시오. 놀라운 일이 제자들에게 벌어지고 있습니다. 제자들과 동행하시던 예수님이 그들에게 말씀하셨습니다. 그분이 대화의 주도권을 갖고 말씀하기 시작하십니다.

너희가 길 가면서 서로 주고받고 하는 이야기가 무엇이냐

그리고 이 질문에 제자들이 답하기 시작하면서, 대화는 주님과 제자들의 대화로 바뀌게 됩니다.

묵상하기 전에 사건 현장에서 관찰하라고 했습니다. 그것은 그 사건 현장에 계신 주님, 언제나 우리와 함께하시는 주님과 대화를 시작하는 것입니다.

내가 주님께 적극적으로 묻기도 하고, 주님이 내게 묻기도 하십니다. 사건 현장에서 주님과 대화 나누면서 그분의 마음을 나눕니다. 마음이 기쁘신지, 아니면 아프신지 나눕니다. 어떤 사건에 대해 나는 화가 나는데, 주님의 마음은 어떠실지 주목합니다. 이럴 때 우리의 정서가 치유되기도 합니다.

또한 우리는 주님의 관심사에 주목해야 합니다. 주님이 아끼고 사랑하며 관심 두시는 것이 무엇인지 나눕니다. 그것은 우리의 비전이 됩니다. 하나님의 관심을 발견한 뒤, 어떤 사람은 미전도 종족에, 어떤 사람은 구제에, 어떤 사람은 정치에, 어떤 사람은 경제에 관심을 갖게 됩니다. 그 밖에도 가정, 매스컴, 교육, 과학, 종교 등 삶의 다양한 영역에 관심을 갖고 자기 삶을 드리게 됩니다.

주님과 사고방식을 나누는 것도 중요합니다. 사건 현장에서 일을 어떻게 처리해야 할지, 주님의 방식과 나의 방식을 나누는 것입니다.

이것이 바로 묵상입니다. 조용히, 아주 조용히, 그리고 깊이 있게 교제하는 것입니다.

다음 사건을 현장에서 관찰해 보십시오.

그런데 뱀은 여호와 하나님이 지으신 들짐승 중에 가장 간교하니라 뱀이 여자에게 물어 이르되 하나님이 참으로 너희에게 동산 모든 나무의 열매를 먹지 말라 하시더냐 여자가 뱀에게 말하되 동산 나무의 열매를 우리가 먹을 수 있으나 동산 중앙에 있는 나무의 열매는 하나님의 말씀에 너희는 먹지도 말고 만지지도 말라 너희가 죽을까 하노라 하셨느니라 뱀이 여자에게 이르되 너희가 결코 죽지 아니하리라 너희가 그것을 먹는 날에는 너희 눈이 밝아져 하나님과 같이 되어 선악을 알 줄 하나님이 아심이니라 여자가 그 나무를 본즉 먹음직도 하고 보암직도 하고 지혜롭게 할 만큼 탐스럽기도 한 나무인지라 여자가 그 열매를 따 먹고 자기와 함께 있는 남편에게도 주매 그도 먹은지라 이에 그들의 눈이 밝아져 자기들이 벗은 줄을 알고 무화과나무 잎을 엮어 치마로 삼았더라 창 3:1-7

뱀이 여자를 찾아옵니다. 이때 당신은 어떻게 반응하시겠습니까? 뱀이 다가오면 어떻게 반응할지 묻자, 한 형제가 "뱀을 잡아서 꼬리를 잡고 빙빙 돌려서 내쳐 버리겠다"라고 말해서 얼마나 웃었는지 모릅니다. 이것은 오늘 우리가 뱀을 대하는 태도일 것입니다. 그 형제와 달리, 놀라서 도망할 사람도 있을 것입니다. 하와에게 같이 도망하자고 요청할지도 모릅니다. 이것은 뱀에 대한 우리의 반응일 것입니다.

그러나 에덴동산에서 하와가 보인 반응은 우리의 반응과 달랐습니다. 하와는 아주 자연스럽게 뱀과 대화를 나눴습니다. 참 이상하지 않습니까? 저는 이런 생각이 들었습니다. '하와가 뱀과 이야기를 나누고 있을 때, 그 옆에 있던 남편 아담은 어떤 표정을 지었을까? 얼마나 기분이 나빴을까? 중요한 결정일수록 먼저 남편과 이야기를 나눈 다음에 했어야 하지 않았을까? 남편으로서 아담의 마음은 어땠을까?'

아내가 남편인 저보다 다른 사람의 말에 더 귀 기울이는 것을 볼 때 저는 화가 납니다. 그런데 자기 말을 듣기는커녕 뱀의 말에만 귀 기울이는 하와를 보는 아담의 마음이 어땠을까요? 얼마나 화가 났을까요? 여러분은 하와를 보면서 어떤 마음이 듭니까? 하나님의 말씀을 듣고도 정확히 이해하지 못해서 뱀의 질문에 정확히 답하지 못하는 하와의 모습에 얼마나 화가 나는지 모릅니다.

그런데 사실 저 역시 하와와 비슷한 점이 많습니다. 하나님 말씀을 듣지만, 얼마 못 가서 그 말씀을 잊어버립니다. 그러니까 우리는 하와에게 화를 낼 필요가 없습니다. 많은 사람이 남편 또는 아내에게 화를 내거나 자녀에게 화를 냅니다. 그런 버릇을 고쳐 보려 애를 써 보지만, 쉽지 않습니다.

뱀과 하와, 하와와 아담을 살펴봄으로 우리는 많은 교훈을 얻을 수 있습니다. 여기서 멈추지 말아야 합니다. 하나님의 마음은 어땠을지 생각해 보며, 이 사건 속에 계시는 하나님을 바라보아야 합니다.

하나님은 아담에게서 취하신 갈비뼈로 하와를 아름답게 만드셔서 에덴동산에 두셨습니다. 그런데 하와는 하나님과 대화를 나누지 않았습니다. 선악을 알게 하는 나무의 실과를 먹어도 될지 갈피를 못 잡을 때 고개를 돌려 하나님께 여쭤 보았다면, 하와는 범죄하지 않았을 것입니다. 이 문제를 가지고 하나님께 나아가 대화 나누었다면 얼마나 좋았을까요.

점점 마음이 바뀌어 뱀에게 넘어가는 하와를 바라보시는 하나님의 마음은 어땠을까요? 하와의 손목을 잡아끌어서 그가 범죄하지 않게 할 수도 있으셨을 텐데, 왜 그렇게 하지 않으셨을까요?

자녀가 자기 뜻대로 행동할 때, 대부분 부모는 이를 제지합니다. 그 행동이 부모 뜻과 다를 때는 강제로라도 막으려 합니다. 그럴 때 자녀는 부모의 강력한 의견 때문에 자기 의지를 꺾고 그 뜻을 따르곤 합니다. 그러면 부모는 자녀가 착하다고 생각하기 쉽습니다.

그러나 이런 부모의 모습은 하나님의 모습과 다릅니다. 여기서 우리는 아주 중요한 것을 발견합니다. 하와가 뱀의 유혹을 받는 것과 같은 상황에서, 부모는 자녀의 의지와 상관없이 강제로 자기 뜻을 따르게 할 때가 많습니다. 그러나 하나님은 다르십니다. 하나님은 아담과 하와의 인격적인 선택을 존중하시는 분입니다. 우리가 그분 말씀에 거역했음에도, 오히려 우리를 구속해 주시려 십자가를 예비해 주신 분입니다. 비록 사람은 하나님을 거역했지만, 하나님은 사람을 한없이 사랑하기로 작정하셨습니다. 사람의 의지를 억지로 꺾어 버리지 않으셨습니다. 묵상이란 이러하신 하나님과 깊은 대화를 나누며 그분을 배워 가는 것입니다.

:: 묵상은 하나님을 배워 나가는 것

말씀을 묵상하는 우리를 사탄이 시험할 때, 눈을 돌려 하나님을 바라볼 수 있다면 문제는 달라집니다. 그러나 우리는 성경말씀의 사건 속에 언제나 하나님이 계신다는 사실을 잘 이해하지 못합니다.

> 벨사살 왕이 그의 귀족 천 명을 위하여 큰 잔치를 베풀고 그 천 명 앞에서 술을 마시니라 벨사살이 술을 마실 때에 명하여 그의 부친 느부갓네살이 예루살렘 성전에서 탈취하여 온 금, 은그릇을 가져오라고 명하였으니 이는 왕과

귀족들과 왕후들과 후궁들이 다 그것으로 마시려 함이었더라 이에 예루살
렘 하나님의 전 성소 중에서 탈취하여 온 금그릇을 가져오매 왕이 그 귀족
들과 왕후들과 후궁들과 더불어 그것으로 마시더라 단 5:2-3

말씀을 보십시오. 벨사살 왕이 제정신이 아닌 것 같습니다. "이에
예루살렘 하나님의 전 성소 중에서 탈취하여 온 금그릇을 가져오매."
금그릇을 가져온 사람 또한 정신이 나간 것 같습니다.

그들이 술을 마시고는 그 금, 은, 구리, 쇠, 나무, 돌로 만든 신들을 찬양
하니라 단 5:4

가만히 생각해 보십시오. 아버지 느부갓네살에게서 왕권을 넘겨받
아 벨사살이 왕위에 올랐습니다. 그는 1천 명이나 되는 사람들을 불
러 모아 축제를 벌입니다. 그런데 갑자기 정신이 이상해졌습니다. 대
체 그는 왜 하필이면 예루살렘 성전에서 가져온 금, 은그릇에 술을 마
시려 했을까요? 이는 하나님께 대한 반항입니다.

갑자기 그런 마음이 생긴 벨사살은 신하들 중 누군가에게 그릇을
가져오도록 명령했을 것입니다. 그 신하가 여러분 자신이라고 생각
해 보십시오. 이 명령을 지키기도 그렇고, 어기기도 그런 상황입니다.
심각한 상황입니다. 벨사살에게 금그릇을 '갖다 주느냐, 안 갔다 주느
냐' 하는 것은 단순한 문제가 아닙니다. '죽느냐 사느냐'의 문제인 것
입니다.

신하가 바로 나라면, 이는 정말 심각한 문제입니다. 그러나 우리는 성경을 읽을 때 모든 이야기를 그저 남의 이야기로 여기고, 무덤덤하게 바라봅니다. '아이고, 이 멍청한 양반이 하는 짓 좀 보게. 벨사살 왕이 시킨다고 그냥 덜컥 가져와 버렸네.'

한번 생각해 보십시오. 여러분이 신하라고 가정하여 생각해 보십시오. 벨사살 왕이 여러분을 주시하고 있습니다. 결국 왕의 명대로, 성전에서 쓰던 그릇을 가져올 수밖에 없습니다. 사람들은 그 그릇으로 흥청망청 술을 마시더니, 나중에는 우상들을 찬양하기 시작합니다.

:: 성경 속으로 들어가라

자, 이러한 사건들에서 기억해야 할 것이 두 가지 있습니다. 하나는 그 현장에 '하나님이 계시느냐, 안 계시느냐' 하는 것이고, 다른 하나는 그 현장 가운데 우리 자신이 있어야 한다는 것입니다. 그 현장에 하나님이 계신다는 사실을 바라보지 못하면 큰일입니다. 그리고 밖에서 바라보는 것이 아니라, 성경 속으로 들어가서 그 현장을 바라보아야 합니다.

그래서 벨사살 왕이 금, 은그릇을 가져오라고 했을 때, 내가 신하였다면 어떻게 반응했을지 생각하며 왕의 눈을 바라보면서 관찰해야 합니다. 이야기를 관찰하는 것이 아니라, 항상 인격적으로 관찰해야 합니다.

우선 그때의 긴장된 분위기와 상황, 정서와 느낌 등을 떠올리며,

드라마로 각색하듯 생각해 보기 바랍니다. 얼마나 재미있습니까? 그리고 그 현장 속에 하나님이 계신다는 사실을 잊지 말아야 합니다. 우리는 이 두 가지를 늘 기억하며 훈련해야 합니다. 우리는 벨사살을 바라보고 금그릇을 가져오는 신하도 바라보는 동시에 하나님을 바라봐야 합니다. 성경 본문에서 그것을 봐야 됩니다.

벨사살이 그 일을 여러분 자신에게 시켰다면 어떤 반응을 보였을까요? 어떤 사람은 마음속으로 '차라리 의자를 집어던져 버릴까?' 하고 생각할 수도 있습니다. 아니면 "안 됩니다. 저는 그것을 가지고 올 수 없습니다"라고 소리치면서 벨사살의 범죄를 막으려 할 수도 있을 겁니다. 어떤 소극적인 사람은 "아버지여! 벨사살을 좀 불쌍히 여겨 주세요"라고 기도하겠답니다. 물론 그럴 수도 있습니다.

중요한 것은 그 사건 속으로 들어가야 한다는 것입니다. 그럴 때 우리 마음속에서는 정서적 반응, 감정적 반응, 인격적 반응이 나타납니다. 말씀을 읽을 때 무덤덤하게 그냥 지나갈 수 없게 됩니다. 우리가 묵상이 잘 안 되는 이유는 성경의 사건을 내 이야기가 아닌 남의 이야기로 보기 때문입니다. 그래서 성경만 보면 졸립니다. 만약 벨사살이 금그릇을 가져오도록 나에게 명령했다면, 졸고 있을 수 있겠습니까? 간단하게 얘기하는 것 같지만, 이는 정말 심각한 일입니다.

이전에 저는 얼마나 황당하게 성경을 읽었는지 모릅니다. 이전의 저는 이 말씀을 '갑자기 왕권을 받는 바람에 벨사살이 미쳐 버렸나 보군' 하고 생각하며 읽었습니다. 이런 마음으로 성경을 보면, 결국 성경 인물을 정죄하고 판단할 수밖에 없습니다.

## :: 용서하시는 하나님

여러분, 우리는 하나님을 바라봐야 합니다. 하나님은 벨사살을 지켜보시면서 어떻게 하셨을까요? 이 부분에 대해서는 우리 마음대로 상상할 수가 없습니다. 성경 본문에 정확히 나타나기 때문입니다.

> 그때에 사람의 손가락들이 나타나서 왕궁 촛대 맞은편 석회벽에 글자를 쓰는데 왕이 그 글자 쓰는 손가락을 본지라 단 5:5

하나님의 손이 나타났습니다. 저는 '이제 이 자리가 뒤집히든지 완전히 끝나겠구나' 싶었습니다. 그런데 갑자기 그 손이, 왕이 앉아 있는 맞은편 벽에다 글씨를 쓰기 시작했습니다. 손이 나타났으면 상을 완전히 뒤집어엎든지 벨사살의 멱살을 잡든지 해야 하지 않습니까? 만약 제게 그렇게 할 수 있는 힘이 있다면, 분명히 그렇게 했을 겁니다. 더구나 하나님은 능히 그렇게 하고도 남으실 분입니다. 그런데도 하나님은 그렇게 하지 않으시고, 손가락으로 글을 쓰셨습니다.

이때의 하나님의 마음을 아시겠습니까? 하나님은 벨사살을 사랑하고 긍휼히 여기셨습니다. 그래서 그가 스스로 하나님을 다시 바라볼 기회를 주십니다. 우리는 마치 요한복음 8장에 나오는, 간음하다 현장에서 잡힌 여자를 향해 돌을 던지려고 하는 사람들과 같습니다. 용서를 모릅니다. 그러나 예수님은, 그리고 하나님은 용서해 주시는 분입니다.

하나님은 벨사살 왕궁에 모인 무리를 향해서도 다시 한 번 기회를 주십니다. 스스로 보고 깨닫도록 글을 써서 가르쳐 주십니다. 여기서 우리는 하나님의 긍휼하심을 바라봅니다. 저는 벨사살을 정죄하고 비난했지만, 하나님은 그렇게 하지 않으셨습니다. 여기에서, 저의 마음과 하나님의 마음이 다름을 발견하게 됩니다. 저는 결국 하나님께 이렇게 고백할 수밖에 없었습니다. "아버지여, 제가 또 죄를 지었습니다. 이런 사람들을 어떻게 용납하고 대해야 할지 모르는 저에게 하나님이 긍휼을 베푸셔서 다시 기회를 주시고 글을 써서 보여 주시면서 알게 해주시는군요."

저는 6절을 읽다가 또 한 번 놀라운 경험을 했습니다.

> 이에 왕의 즐기던 얼굴 빛이 변하고 그 생각이 번민하여 넓적다리 마디가 녹는 듯하고 그의 무릎이 서로 부딪친지라 단 5:6

드라마의 배우가 되어 이 상황을 연기해 보십시오. 넓적다리가 녹는 듯하고 무릎이 후들거립니다. 하나님의 손가락이 글씨를 쓰자, 벨사살의 즐기던 빛이 완전히 변해 버리고 두려움 가운데 빠지게 되었습니다.

저에게 이 말씀은 큰 충격이었습니다. 오늘도 하나님은 우리를 사랑하셔서 친히 손가락으로 쓰신 말씀을 주셨습니다. 그러나 우리는 성경을 읽고 부들부들 떨기는커녕 금세 졸고 맙니다. 이게 말이 되는 얘기입니까? 더구나 이 구절은 무덤덤하게 읽어서는 안 되는 부분입니다. 하나님께로부터 온 것이 틀림없는데 그 뜻을 몰라서, 마음 가운데 견딜 수 없는 불안과 두려움이 일어나는 상황인 것입니다.

저는 이 말씀을 읽으면서 얼마나 회개했는지 모릅니다. 벨사살은 손가락이 쓴 글씨의 뜻을 잘 몰랐습니다. 그래서 주변의 모든 박수와 술객을 불러 모았습니다. 그래도 뜻을 알 수 없자, 다니엘을 불러 들였습니다. 그는 비록 성전에서 가져온 그릇에 술을 마시는 못된 일을 했지만, 그래도 하나님의 계시를 두려워하는 사람이었습니다.

저는 이 말씀을 통해 '정말 내 마음이 굳어 있구나' 하는 사실을 봅니다. 그러니까 이 사건을 통해 하나님을 보고 하나님께 대한 벨사살의 반응을 관찰하면서, 그 하나님이 얼마나 큰 긍휼로 저를 대하시는지 보게 되었습니다. 벨사살에 비하면 제 마음이 굳어 있음을 느낍니다. 하나님은 오늘도 동일하게 제게 손가락으로 쓴 글씨를 보여 주시며, 다시 기회를 주십니다. 그 은혜를 생각할 때, 하나님께 감사드리지 않을 수 없습니다.

"주님, 벨사살은 다른 사람이 아니라 바로 저입니다. 다시 제게 기회를 주셔서 감사합니다. 오늘 하루 제가 하나님 말씀을 모르는 것이 있다면, 이 사람, 저 사람에게 물어보기도 하여 알고 싶습니다."

::묵상의 포인트 두 가지

다니엘 5장 말씀을 묵상하면서 저는 두 가지 포인트를 깨달았습니다. 하나는 성경 본문에 나오는 사건의 현장 속에 하나님이 계신다는 사실을 입체적으로 바라봐야 한다는 것이고, 다른 하나는 그 현장 속에서 정서적 반응과 인격적 반응을 보이며 말씀을 봐야 한다는 것입니다. 이 둘을 잃어버리면 안 됩니다.

이제 누가복음 24장을 다시 봅시다. 지금 나누는 내용을 잘 이해하기 바랍니다. 성령님이 여러분의 눈을 열어 주시기 바랍니다. 이제, 성경을 달리 보게 될 것입니다.

> 그들의 눈이 가리어져서 그인 줄 알아보지 못하거늘 눅 24:16

이것이 우리의 현실입니다. 우리는 눈을 열어 우리와 함께하시는 주님을 보아야 합니다. 그런데 어떤 일이 벌어졌습니까? 제자들의 삶의 현장 가운데 계신 예수님이 말씀하기 시작하셨습니다. 그분이 이야기의 주도권을 잡고 질문하셨습니다. "너희가 서로 이야기 나누는 게 뭐니?" 예수님은 그들이 무슨 이야기를 나누고 있는지 아셨지만, 그들에게 직접 물어 보십니다. 이제 그들은 그 질문에 답하게 됩니다.

자, 지금 대화 상대가 바뀌었습니다. 사람끼리 대화를 나누고 있었는데, 이제 예수님과 대화하는 것으로 바뀌었습니다. 그리고 우리도 주님과 직접 대화하기 시작하게 됩니다. 본문에 나오는 사건을 가지고 하나님과 이야기 나누어야 하는 것입니다. 즉, 성경 본문을 통해서 하나님과 교제하는 것입니다.

하나님이 물으십니다. "너는 어떻게 생각하니? 나는 네게 또다시 기회를 주고 싶은데…."

그러면 저는 이렇게 말합니다. "안 됩니다. 지금 완전히 뒤엎어야 합니다."

저는 이렇게 하나님과 이야기를 나눕니다. 그러나 하나님은 용서를 모르는 제 의견과 달리, 그에게 기회를 또 주십니다. 그런 것을 보면 제가 얼마나 부끄러워지는지 모릅니다.

묵상에 들어가면, 반드시 하나님과 이야기 나누게 되어 있습니다. 성령님과 대화를 나누고, 예수님과 대화를 나누게 됩니다. 따라서 묵상 시간은 하나님과 교제하는 시간입니다. 성경의 사건 속에는 나도 있고 하나님도 계십니다. 그래서 우리는 현장에서 하나님과 대화하는 것을 결코 놓쳐서는 안 됩니다.

엠마오로 가는 두 제자에게도 예수님은 계속 질문을 하시며 성경을 풀어 친히 가르쳐 주십니다. 하나님이 친히 우리에게 말씀하시는 것입니다. 정말 말씀은 스릴이 넘칩니다. 여러분도 이제 이 재미있는 말씀을 보고 싶은 기대가 생기시는지요?

"**성령님,** 참으로 감사합니다. 무지하고 둔하여 하나님의 말씀을 깨닫는 데 어리석었던 저희를 긍휼히 여기시고 저희 심령을 깨우쳐 주셔서 주님께로 더 가까이 나아갈 수 있는 길들을 보여 주셔서 감사합니다. 그래서 '나로 말미암지 않고는 아버지께로 올 자가 없느니라'고 말씀하셨던 그 깊은 말씀의 의미를 이해할 수 있게 되어서 감사합니다. 성령님! 지금 이 시간 우리 사랑하는 형제자매의 심령 속에 성령의 충만한 기름부으심으로 함께해 주셔서, 매 시간 하나님의 임재하심 가운데 나아가게 해주시옵소서. 말씀을 펼 때마다 제가 거기에 있고 하나님이 거기 계셔서, 그 속에서 하나님과 깊은 교제를 나누는 놀라운 삶의 축복이 있게 해주시옵소서. 이 모든 일은 우리의 힘이 아니라 오직 성령님의 놀라우신 인도하심으로 가능한 것을 믿습니다. 그래서 성령님께 의탁하오니 우리를 모두 인도해 주시고, 이 놀라운 긴밀함 속으로 우리를 이끌어 주시옵소서. 그래서 이전보다는 확실히 주님 안에 거하는 삶들을 경험하고 맛볼 수 있는 축복이 우리에게 있게 해주시옵소서. 하나님을 신뢰합니다. 저의 삶을 인도하신 하나님이 우리 사랑하는 모든 지체를 그렇게 인도해 주실 줄 믿습니다. 예수님의 이름으로 기도드립니다. **아멘.**"

4장 **삶으로 이어지는 묵상**

말씀 묵상의 훈련이 우리 삶 가운데 뿌리내리도록 다음의 몇 가지를 나누고 싶습니다.

먼저 그 말씀 본문 속에 우리 자신이 인격적으로 들어가서 반응하도록 하고, 하나님께 초점을 두어야 합니다. 그래서 그 본문 속 사건을 가지고 하나님과 대화를 나누어야 합니다. 성경 본문에 나타난 사건과 그 안에 담긴 진리를 자세히 파악하는 것도 중요하지만, 그것은 성경공부나 다른 시간을 통해서도 할 수 있는 부분입니다. 묵상은 거기에서 나아가 인격적으로 하나님께 반응을 보이는 시간입니다. 그러기 위해서 우리는 묵상의 자리로 나아가는 훈련을 해야 합니다.

또 하나 우리는 하나님과 늘 동행하도록 훈련해야 합니다. 이는 묵상이 끝난 이후에 하는 아주 중요한 훈련으로, 세 가지가 있습니다.

그것은 '하나님과 동행하기, 삶에 적용하기, 묵상 내용 나누기'입니다.

## :: 하나님과 동행하라

이는 제 개인의 삶에서 상당히 오랫동안 잘 안 된 부분입니다. 아침에 묵상한 뒤 시간이 좀 지나면 생각이 잘 안 납니다. 묵상 내용을 기록한 노트를 보면 또 생각이 잘 나는데 말입니다. 묵상 노트를 덮는 동시에 모든 내용이 노트 속에 갇혀 버리는 것을 곧잘 느꼈습니다. 노트에 기록할 때는 감동적인데 막상 노트를 닫으면 아무것도 생각이 안 나는, 그런 묵상을 참 오랫동안 했습니다. 오늘 아침에 묵상한 내용이 오후에는 잘 기억이 안 나서, 늘 노트를 갖고 다녀야만 했습니다.

그때, 하나님이 제게 그분과 동행하는 것에 대해 가르치셨습니다. 하나님과 교제하는 것이 말씀 묵상의 초점이라면, 성경책을 덮는 순간에 "하나님은 여기 계시옵소서. 이제 저는 제 갈 길로 가겠나이다"라고 해서는 안 됩니다. 말씀 속에서 만난 하나님과 온종일 동행하는 삶을 사는 훈련을 부단히 해야 합니다.

여러분, 교회나 교인들에 대해 요즘 사람들이 "요즘 교회는 주유소 같다"라고 하는 비판을 들어보셨습니까? 이게 무슨 뜻일까요? 자동차의 기름이 떨어지면, 주유소에 들러 기름을 넣습니다. 필요한 만큼 기름이 채워지면, 목적지로 다시 향합니다. 즉, 우리가 필요할 때만 교회를 찾는다는 비판입니다. 주일예배가 끝나면, 그저 각기 제 길로 가는 겁니다. 우리 신앙생활이 이런 모습이어서는 안 됩니다.

예전에 저희 교회에서 "우리는 하나님의 종 되어 살리"라는 제목으로, 로마서 6장에 있는 말씀을 나눈 적이 있습니다. 그런데 설교 후 한 성도님이 "목사님, 안녕히 계세요. 저는 오늘 이러이러한 일이 있어서 종일 그곳에 있어야 한답니다"라면서 인사하고 가 버리셨습니다. 제 생각에 그곳은 정말 안 갔으면 하는 자리였습니다. 말씀은 들었지만, 그것과 관계없이 제 길을 간 겁니다. 말씀을 듣고 '아, 이건 아니구나. 내 결정이 틀렸던 거구나'라고 깨달아서 포기할 줄 알아야 하는데, 그게 잘 안 되는 겁니다. 저는 이런 모습이 정말 마음 아픕니다.

여러분은 어떠십니까? 저는 하나님과 동행하는 삶을 살고자 부단히 훈련합니다. 우리는 아침에 말씀을 묵상하면서 하나님을 만나야 하고, 그 하나님의 손을 잡고 일어서야 합니다. 사람을 만나든지 일을 하든지, 아침에 묵상했던 그 주님과 동행하면서 하루를 살아야 합니다. 제가 이것을 하나의 훈련이라고 말씀드린 까닭은 이렇게 하기가 정말 쉽지 않기 때문입니다. 저도 한동안 성경을 묵상할 때는 은혜도 많이 받고 감격도 컸는데, 성경을 덮는 동시에 사라져 버렸습니다. 이 부분을 극복하기 위해서 하나님과 동행하는 훈련의 한 방편으로 제가 사용한 것은, 사람을 만날 때면 아침에 만났던 주님을 기억하는 것이었습니다. 그리고 그 주님과 영적인 교제를 나누는 것이었습니다.

사람을 보거나 사물을 보거나 일을 할 때면 저는 주님께 자꾸 묻습니다. "주님, 이 사람은 어때요? 이 사람 속에도 선한 것이 있나요?"

언제 어디서나 주님과 동행하며 대화 나누는 것, 이는 묵상이 끝난 다음에 꼭 해야 할, 중요한 훈련입니다.

이제 아침마다 묵상하고 일어설 때면, 그날 종일 동행해야 할 주님을 기억하십시오. 손을 잡고 일어서야 할 그 주님을 다시 떠올리십시오. 이 훈련을 했다면, 다음에 할 것은 적용 훈련입니다.

## :: 말씀을 삶의 현장에 적용하라

적용에 관해 나눠 보겠습니다. 묵상한 말씀 속에서, 깨달은 것과 회개할 것을 찾으십시오. 그리고 오늘 내가 해야 할 일이 무엇인지 찾으십시오. 디모데후서 3장 16절을 보면, "모든 성경은 하나님의 감동으로 된 것으로 교훈과 책망과 바르게 함과 의로 교육하기에 유익하니"라고 했습니다. 말씀을 통해 오늘 나에게 주실 교훈은 무엇인지, 나에 대해 책망하시는 것은 무엇인지, 나에게 무엇을 가르치시는지 작성하면서 찾아보시기 바랍니다.

어느 날 저희 교회에서 묵상한 내용을 나누는데, 한 분이 "목사님, 오늘 저는 묵상이 잘 안됐어요. 마음속에 콕콕 찔리는 게 하나도 없었어요"라고 하셨습니다. 이처럼 많은 사람이 착각하는 것의 하나는 '찔림이 없으면 묵상을 잘못한 것이다'라는 점입니다. 그러나 그것은 감정적인 영역입니다. 말씀을 읽으면서 주님과 교제를 나누었음에도, 특별한 감동이나 무엇을 해야 한다는 신호를 받지 못해 실망하는 분들이 있습니다. 그러나 특별한 감동이나 신호 같은 것은 묵상의 절대적인 기준이 아닙니다.

적용은 억지로 하는 것이 아닙니다. 예수님은 아무 말씀도 안 하시는데, "예수님, 오늘 저는 무엇을 놓고 회개해야 합니까?"라면서 떼 쓰다시피 하며 억지로 찾아내는 것은 옳은 묵상이 아닙니다. 사실 저도 아주 오랫동안 그렇게 해 오다가, 적용이란 자연스러운 일임을 깨달았습니다. 주님을 만나고 교제를 나누다 보면, 삶 가운데 '자연스럽게' 적용이 이루어집니다.

묵상할 때 아무것도 생각나지 않으면 그저 이렇게 생각해도 됩니다. '오늘은 주님이 내가 쉬길 바라시나 봐.' '계속 하던 대로 하라고 하시나 보다.'

사랑하는 사람과 만나서 이야기를 나누면, 내가 무슨 일을 해야 할지 자연스레 알게 됩니다. 주님과도 그렇게 그저 자연스레 만나면 됩니다. "오늘 저에게 주실 교훈은 무엇이죠?"라고 하면서 사무적으로 만날 이유가 없다는 말입니다. 이해되십니까? 가족끼리는 사무적으로 만나지 않습니다. 그냥 같이 살다 보면 아들은 아버지를 자연스레 닮습니다. 적용하는 부분에서 여러분이 얽매이지 않기를 바랍니다.

또한 적용은 감정적인 부분이 아닙니다. 따라서 마음속으로 콕콕 찔리는 부분이 없거나 마음이 움직이지 않아도, 주님이 말씀하시면 감정과 관계없이 의지적으로 결정해서 순종해야 합니다.

한번은 예순이 다 되신 권사님이 제게 이렇게 물으셨습니다. "목사님! 오늘 마태복음 5장을 보니 '너희 원수를 사랑하며 너희를 박해하는 자를 위하여 기도하라'고 하셨습니다. 이 부분을 머리로는 잘 알겠지만, 행동으로는 잘 안 됩니다. 왜 이렇게 안 되는지 모르겠어요."

그래서 저는 이렇게 물었습니다. "원수를 위해 기도해야 한다고 주님이 말씀하신 것을 믿으세요?"

"네, 물론이지요."

"그렇다면 원수를 위해 기도하기로 결정을 내리셨습니까?"

그렇습니다. 적용을 할 때는 우리 마음의 결정, 의지적 결정이 필요합니다. 감정으로 용납되지 않아도, 그렇게 하기로 마음으로 결정해야 합니다.

어떤 분은 마음으로 작정을 해도 잘 안 될 때가 많다며 푸념했습니다. 그래서 저는 그분께 이렇게 말했습니다. "왜 안 된다고 생각하십니까? 지금은 되고 있는 중입니다."

하나님은 아브라함에게 본토 친척 아비 집을 떠나 그분이 지시할 땅으로 가라고 하셨습니다. 어디로 가야 할까요? 우리는 답을 알고 있지만, 여러분이 그때 그 아브라함 본인이었다면 몹시 막막하지 않았을까요? 하나님은 "내가 지시할 것이다"라고 하셨을 뿐, 아직 지시하지 않으셨습니다.

우리 모습을 들여다봅시다. 대부분 "주여! 지시해 주옵소서. 그러기 전에는 움직일 수 없나이다"라면서 꼼짝 않습니다. 그러나 우리는 떠나야 합니다. 하나님이 지시한다고 하셨으니, 믿고 떠나야 합니다. 그것이 바로 믿음입니다.

그렇다면 어디로 가야 할까요? 어디든 좋습니다. 하나님이 지시하시리라는 믿음만 있다면, 어디를 가든 항상 하나님께로 열려 있을 수 있습니다. 계속 가다가 갈림길이 나오면 "하나님, 저는 어디로 가야 하나요?"라고 물어 보면 됩니다. 그것이 믿음으로 가는 것입니다.

하나님은 궁극적으로 아브라함을 가나안으로 보내려 하셨습니다. 그런데 그는 도중에 헤매고 있습니다. 이럴 때 우리는 종종 자신이 잘못하고 있다고 생각합니다. '내가 지금 잘못하고 있구나. 실수하고 있구나. 하나님 말씀에 순종하지 않고 있구나.' 그러나 이는 우리의 착각일 뿐입니다. 아브라함을 보십시오. 아브라함은 계속 순종하며 갔습니다. 일은 계속 진행 중입니다. 그런데 왜 안 된다고 보십니까?

적용했다가 실패했을 때도 마찬가지입니다. '전에 말씀하셨을 때 안 됐으니까, 이번에도 또 안 되겠네' 하고 단념하면 안 됩니다. 우선 마음의 결정부터 내리고 "주님 제가 이렇게 하기로 하겠습니다" 하고 믿음으로 일어서야 합니다.

오늘 한 번 적용하고 끝내는 것이 아니라, 그 말씀으로 말미암아 계속 진행해야 합니다. 그 때문에 묵상한 내용은 반드시 노트에 기록해야 합니다. 히브리서 11장을 보면, 아브라함은 믿음으로 순종하여 갔다고 합니다. 믿음으로 결정하고 떠난 아브라함처럼, 우리 또한 의지적으로 결정하여 말씀대로 살기 시작해야 합니다. 그것은 적용 중에서 가장 중요한 영역입니다. 도중에 많이 헤매긴 하겠지만, 일단 그 말씀을 믿으며 살기 때문에 계속 진행 중인 것입니다.

아브라함이 곧바로 가나안으로 들어가지는 않았을 것입니다. 자기 판단에 따라 다른 곳으로 갔더니 하나님이 나타나셔서 '네가 살 곳은 여기가 아니니, 빨리 가라'고 하셨을 겁니다. 이런 일들을 몇 차례 반복하면서 '아! 내가 가야 할 곳은 가나안이구나' 하는 사실을 확인하게 되었을 것입니다. 실수를 몇 번 계속해도, 그 과정 속에서 하나님은 일을 진행시키십니다. 즉, 이는 확인되어 가는 과정인 것입니다.

선교사님들도 대부분 이런 과정을 거칩니다. '하나님, 저를 어느 땅으로 부르고 계십니까? 몽골입니까? 아니면 베트남, 아니면 미얀마…' 그러다가 '아, 여기구나!' 하는 마음이 들면, 믿음의 걸음을 내딛습니다. 그런데 그곳이 아님을 깨닫고는 또다시 하나님 말씀을 확인합니다. 이런 과정이 몇 차례 이어집니다.

이러한 과정을 겪는 것은 잘못된 것이 아닙니다. 이는 하나님이 우리에게 말씀하신 곳을 향하여 계속 나아가는 과정입니다. 여러분의 눈이 달라져서, 이 점을 꼭 기억하기 바랍니다. 이 점을 놓쳐 버리면 하나님이 얼마나 섭섭해 하실까요. 하나님이 하시는 일을 믿읍시다.

## :: 이해하는 것과 적용하는 것은 다르다

우리가 주님과 동행하며 살아가는 동안, 적용에 대해 착각하는 경우가 더러 있습니다. 첫째로, 어떤 사람들은 말씀의 뜻을 이해하는 것만으로 적용했다고 착각해 버립니다.

> 무릇 내게 오는 자가 자기 부모와 처자와 형제와 자매와 더욱이 자기 목숨까지 미워하지 아니하면 능히 내 제자가 되지 못하고 눅 14:26

이 말씀을 어떻게 적용해야 할까요? 부모와 처자와 형제와 자매, 그리고 자기 목숨까지 미워하지 않으면 제자가 될 수 없다는 말이 이해되세요? 그렇다면 이 말씀을 삶에 적용한 것일까요? 아닙니다. 이해하는 것과 적용하는 것은 다릅니다. 실제 그런 삶을 살아야 됩니다.

> 너희 중의 누가 망대를 세우고자 할진대 자기의 가진 것이 준공하기까지에 족할는지 먼저 앉아 그 비용을 계산하지 아니하겠느냐 눅 14:28

이것도 이해가 되시죠? 망대를 세울 때 예산이 얼마나 들지 점검하는 것은 당연한 일입니다. 그런데 머릿속으로 이해했다고 해서 예산이나 계획을 세우지 않는다면 어떻게 되겠습니까?

적용이란 우리 삶에서 드러나야 합니다. 우리 삶에 영향력을 미쳐야 합니다. 하나님 말씀을 제대로 적용하면, 겉으로 드러나는 행동도 변화됩니다. 예를 들어 술을 마시던 사람이 술을 끊는 것은 이 영역에 속한다고 할 수 있습니다. 그러나 여기서 조금 들어가서 보면, 겉으로 드러나는 행동은 달라졌을지 몰라도 실제로 내면은 하나도 변하지 않은 경우가 있습니다.

인도네시아 선교사님에게서 들은 이야기입니다. 어느 마을에서 복음을 전했는데, 주일이 되자 놀랍게도 그 마을 전체가 다 예수를 믿겠다며 교회로 나왔다고 합니다. 세례도 받았습니다. 그래서 본국에 백 퍼센트 복음화를 이루었다고 선교 보고를 했답니다. 본국의 모든 사람이 놀랐음은 말할 것도 없습니다.

그런데 그로부터 몇 년 후, 마을 안에 재난이 닥쳤습니다. 그러자 교인이 점점 줄기 시작했습니다. 주일이면 교회에 나오지 않고 어디론가 가는 것이었습니다. 원인이 궁금해진 선교사님이 뒤를 따라가 봤더니, 놀랍게도 그들이 가는 곳은 무당이 살고 있는 산이었습니다.

이에 선교사님이 매우 황당해 하며 "당신들! 예수 믿기로 하고 세례까지 받아 놓고서 왜 이러느냐?"고 물었답니다. 그러자 사람들이 "그동안 우리 마을에 관심 끌 만한 것이 없었는데, 선교사님이 주일마다 재미있는 것을 보여 주니 그냥 나갔을 뿐이에요"라고 하더랍니다. 세례를 받아 5년 동안이나 교회에 나왔는데, 막상 어려운 일이 닥치니까 다시 무당을 찾게 된 것입니다.

말씀 묵상의 적용도 이렇습니다. 외형적인 행동의 변화도 물론 중요하지만, 이 부분이 바뀌었다고 해서 적용했다고 볼 수 없는 것입니다. 더 깊이 들어가야 합니다. '내가 가장 소중히 여기는 것은 무엇인가? 내가 가장 가치 있게 여기는 것은 무엇인가?'를 생각하며, 가치관이 바뀌어야 합니다. 이 부분에 말씀을 적용할 수 있어야 합니다.

## :: 돈과 시간, 가치관 테스트 기준

한 사람이 가치 있게 여기는 것이 무엇인지 알고 싶을 때, 재정과 시간을 놓고 시험해 보면 된다고 합니다.

우선 돈을 주면서 "만약 당신에게 백만 원이 주어진다면, 어디에 쓰겠습니까?"라고 질문하면 됩니다. 이 질문에 대한 답은 사람마다 다릅니다. 심사숙고해서 내린 결정이더라도, 누군가는 그 결정을 전혀 이해하지 못할 수도 있습니다. 심지어 미쳤다고 생각할 수도 있습니다. 가치가 다르기 때문입니다. 우리는 그만한 재정을 투자할 가치가 있다고 판단하기 때문에 그렇게 합니다. 그러니까 재정을 어디에 쓰는지 보면, 그 사람의 가치관을 알 수 있는 것입니다.

또한 시간을 어떻게 쓰는지 보면, 그 사람의 가치관을 알 수 있습니다. 여러분은 여가 시간에 주로 무엇을 하십니까? 그것은 여러분의 가치관을 보여 주는 것입니다.

묵상한 내용을 적용할 때 바뀌어야 하는 것은 가치관뿐만이 아닙니다. 세계관도 바뀌어야 합니다. 더 쉽게 말하면, '내가 좋아하는 것'이 바뀌어야 합니다. 이를 테면, 전에는 세상을 좋아했으나 이제는 하나님을 좋아하게 되는 것입니다. 이는 우리 삶의 깊이를 더해 줍니다.

앞에서도 말했듯 조심해야 할 부분은, 겉으로 드러난 삶의 영역이 바뀌었다고 해서 말씀을 잘 적용하고 있다고 쉽게 속단해서는 안 된다는 것입니다. 말씀이 나의 삶으로 들어와 좋아하는 것이 바뀌고 그 다음에 성품이 바뀌는 것은, 적용이 아니라 합리화를 시킨 것입니다. '세상 사람들 다 이렇게 사는데 나만 굳이 그럴 필요 있나' 하면서 합리화시키는 것입니다. 이러한 자기 합리화는 분명한 삶의 다림줄이 없기 때문에 일어납니다.

저는 영업용 택시를 들이받는 교통사고를 낸 적이 있습니다. 차에서 내린 저는 "죄송합니다"라며 사과했습니다. 그러자 사람 좋아 보이는 운전기사 아저씨가 "아, 뭐 운전하다 보면 그럴 수도 있지요. 그런데 그냥 들어갈 수는 없으니, 수리비는 좀 주셔야겠는데요"라고 했습니다. 얼마를 드리면 좋을지 물으니 알아서 달라고 했습니다. 그래서 얼마를 드렸습니다. 그랬더니 그분이 그중에서 얼마를 돌려주며 "아휴, 너무 많아요"라고 하는 게 아니겠습니까. 참 정직한 사람이었습니다. 그렇습니다. 세상 사람도 그렇게 할 줄 압니다. 그렇다면 우리는 어떻게 해야 하겠습니까? 하나님 말씀 앞에서 자기 합리화나 하면서, 그것을 적용으로 착각하고 있지는 않은지 돌아봐야 합니다.

적용은 감정적, 의지적, 지식적 영역에 다 적용됩니다. 그러나 가장 중요한 것은 의지적인 결단입니다. 저는 여러분이 어떤 감정적인 부분들이 마음속에 일어나기만을 기대하며 기다리기보다는 의지적으로 결정하여 순종했으면 좋겠습니다.

## :: 묵상한 내용을 서로 나누라

묵상에 있어서 중요한 부분은 '나눔'입니다. 묵상하고 난 다음에는 반드시 삶을 나누시기 바랍니다. 묵상을 나누는 삶이 왜 그렇게 중요한지 지금부터 함께 살펴보겠습니다.

> 그때에 너희는 그리스도 밖에 있었고 이스라엘 나라 밖의 사람이라 약속의 언약들에 대하여는 외인이요 세상에서 소망이 없고 하나님도 없는 자이더니 이제는 전에 멀리 있던 너희가 그리스도 예수 안에서 그리스도의 피로 가까워졌느니라 그는 우리의 화평이신지라 둘로 하나를 만드사 원수 된 것 곧 중간에 막힌 담을 자기 육체로 허시고 법조문으로 된 계명의 율법을 폐하셨으니 이는 이 둘로 자기 안에서 한 새 사람을 지어 화평하게 하시고 또

십자가로 이 둘을 한 몸으로 하나님과 화목하게 하려 하심이라 원수 된 것을 십자가로 소멸하시고…이는 그로 말미암아 우리 둘이 한 성령 안에서 아버지께 나아감을 얻게 하려 하심이라 엡 2:12-16, 18

우리는 이제 그리스도 예수 안에서 그분의 피로 가까워졌습니다. 예수님이 중간의 막힌 담을 허셔서 둘을 하나로 만드셨습니다. 그래서 우리는 하나님 아버지께 나아가게 되었습니다.

그러므로 이제부터 너희는 외인도 아니요 나그네도 아니요 오직 성도들과 동일한 시민이요 하나님의 권속이라 너희는 사도들과 선지자들의 터 위에 세우심을 입은 자라 그리스도 예수께서 친히 모퉁잇돌이 되셨느니라 그의 안에서 건물마다 서로 연결하여 주 안에서 성전이 되어 가고 너희도 성령 안에서 하나님이 거하실 처소가 되기 위하여 그리스도 예수 안에서 함께 지어져 가느니라 22절

말씀을 보십시오. 하나님이 거하실 아름다운 집으로 지어져 간다고 했습니다. 이는 혼자 할 수 있는 일이 아닙니다. 주님이 우리 안에 막힌 모든 담을 허물어 주셨습니다. 이때는 마치 벽돌 하나하나가 따로 떨어져 있듯, 서로 교통이 되지 않습니다. 이를 연결하는 통로는 바로 말씀과 삶을 나누는 것입니다. 이는 우리를 서로 연결해 줍니다. 우리 몸 안에 있는 세포와 같습니다. 세포는 각각의 독립된 개체이지만, 막힌 것 없이 서로 통합니다. 그래서 생명이 흐릅니다.

이와 같이 그리스도인도 공동체 안에서 삶을 서로 나눌 때 성령님의 교통하심을 경험합니다. 내가 보지 못했던 것을 다른 지체가 보게 되고, 내가 경험하지 못했던 것을 또 다른 지체가 경험하게 되면서, 똑같은 말씀을 얼마나 다양하고 풍성하게 적용해 볼 수 있는지 느낄 수 있습니다.

또한 말씀 묵상은 더 놀라운 일을 경험케 되는 공간입니다. 예를 들어, 우리는 혼자 말씀을 묵상하면서 성령님이 주시는 놀라운 감격과 기쁨과 감동으로 충만케 될 수 있지만, 어떤 때에는 뭔가 알 수 없는 2퍼센트의 부족함을 느낍니다. 그럴 때는 이 문제를 가지고 하나님과 깊은 교제의 시간을 갖습니다. 그 문제에 대한 하나님의 조명하심을 간구합니다. 그런데 결국 부족한 마음 그대로 묵상을 마치기도 합니다. 혹은 매너리즘에 빠진 상태로 묵상을 마치기도 합니다.

이럴 때, 묵상 나눔이 유익을 줄 수 있습니다. 오히려 이럴 때일수록 말씀 묵상 내용을 나누어야 합니다. 더 적극적으로 나누어야 할 때입니다. 나의 묵상이 왜 이렇게 미흡한 것인지 성령님이 때로 기도를 통해 알려 주시지만, 많은 경우 공동체 나눔을 통해 말씀해 주십니다.

저는 새벽기도 시간에 전날 묵상 내용을 나눕니다. 그러고 나서 강단에 엎드려 기도합니다. 그런데 놀라운 사실은 제가 혼자 말씀을 묵상하면서 부족하게 느낀 부분에 대해, 하나님이 그 시간을 통해 놀랍게 많이 채워 주신다는 것입니다. 나눔을 하면서도 부족하게 느끼는 부분들은, 강단에 엎드려 기도할 때 채워집니다. 저는 성령님이 주시는 충만한 감동을 곧잘 경험합니다. 하지만 대부분 성도는 그렇지 못합니다. 개인적인 신앙생활은 정말 잘하지만, 나눔은 무척이나 힘들어합니다. 이는 초등학교 때부터 배우는 일인데 왜 그럴까요?

목회를 시작하면서 저는 교회 안에서 나눔의 시간을 가져 보았습니다. 금요철야 때, 예배를 드린 후 그룹별로 한 가지 주제를 갖고 묵상 내용을 같이 나누며 기도하기로 했습니다. 그러던 어느 날 집사님 한 분이 저를 찾아와 "목사님, 말씀을 들으러 왔는데 말씀은 안 하시고 자꾸 나누라고만 하시니 적응이 안 됩니다"라고 말했습니다. 그분과 몇 차례 대화를 나눠 봤더니, 그분이 가장 어려움을 느끼는 부분은 자기 마음을 여는 일이었습니다.

::나눔은 영적 뷔페

하지만 묵상 나눔에는 놀라운 능력이 숨어 있습니다. 묵상 학교에서 강사로 섬길 때, 한 형제가 이렇게 고백했습니다. "저는 원래 내성적인 성향이라, 제 이야기를 남들과 잘 나누지 않는 편입니다. 그런데 묵상 학교를 통해, 제 마음속의 답답함을 별 기대 없이 나누게 되었습니다. 그랬더니 놀랍게도 그 시간을 통해 문제의 핵심을 발견하게 되었습니다. 혼자 마음속으로만 생각할 때는 전혀 보지 못했던 부분을 나눔을 통해 발견하게 되니, 정말 놀랍더군요."

복잡한 생각을 다른 사람에게 이야기하는 것만으로도 머릿속이 질서정연해지는 것을 경험할 수 있습니다. 그렇다면 하나님의 말씀을 묵상하고 나눌 때에는 얼마나 큰 능력이 나타나겠습니까?

한번은 말씀을 묵상했는데, 제가 부족하다는 생각이 마음속에 가득했습니다. 교회의 여러 가지 일로 제 자신이 얼마나 부족한지 자책하던 때였기 때문이었습니다. 묵상 나눔 시간에 그런 저의 마음을 나누자, 한 분이 이렇게 질문했습니다. "그럴 때 하나님은 목사님을 어떻게 보고 계실까요?"

이 말에 제가 하나님의 시선에 주목하지 못했음을 깨닫게 되었습니다. 묵상의 중심은 하나님께 주목하여 그분을 만나는 것이라고 말하면서 늘 하나님을 바라보며 살라고 가르치면서도, 정작 제 자신은 하나님을 주목하지 못했음을 깨닫게 되었습니다. 그 순간 감동이 있었고, 그 후 저는 다시 하나님을 바라보며 주목하게 되었습니다.

하나님께 주목하지 않으면 묵상의 초점을 잃기 쉽습니다. 쇼핑을 하러 마트에 갔을 때, 생각지도 않았던 여러 가지 물건이 우리의 마음과 발길을 잡아당깁니다. 그리고 그것은 결국 충동구매로 이어집니다. 그래서 저는 쇼핑하러 갈 때면 지금 마트에 와 있는 목적이 무엇인지 되새깁니다. 묵상 또한 그렇습니다. 묵상을 혼자 하다 보면, 하나님이 아닌 다른 것에 눈길을 빼앗기게 됩니다. 하지만 정기적으로 다른 사람과 묵상을 나누면, 다른 데 눈길을 빼앗기고 있는 자신의 잘못을 즉시 깨달아 하나님께 주목할 수 있게 됩니다.

나눔은 우리 몸이 하나님이 거하실 처소가 되도록 서로 연합하며 연결하는 일입니다. 누군가와 나눌 수 있다는 것은 그 사람과 내가 한 몸이 되었음을 의미합니다. 아무리 "주여! 주여! 아멘, 아멘입니다" 하면서 각자 은혜를 받았다 하더라도 서로 나누지 못한다면, 상대방과 나는 아직 지체가 되지 않은 것입니다. 나눌 지체가 없으면 신앙생활을 아무리 열심히 해도 외로울 수밖에 없습니다. 나의 몸이 얼마나 많이 지어졌는지를 결정하는 것은 얼마나 많은 사람과 말씀을 자연스럽게 나눌 수 있는가에 달려 있습니다.

그래서 저희 교회는 되도록 많이 나누려고 합니다. 사람들은 자기 안의 문제나 약점 드러내기를 너무 부끄러워합니다. 나눔을 할 때면 참 답답한 사람들이 있습니다. 빙글빙글 돌려 말하는 사람입니다. 남의 이야기를 하는 것 같은데, 가만히 듣고 보면 본인 이야기입니다. 속 시원하게 나누면 될 텐데, 남의 이야기처럼 해서 헷갈리게 합니다. 그런 사람들은 자신에 대해 이야기하기를 두려워합니다. 그래서 저는 처음에 교회를 설립하자마자 아내와의 부부 싸움부터 모든 이야기를 다 나누어 버렸습니다. 그랬더니 다들 눈이 휘둥그레져서 "목사님도 싸우세요?"라고 하면서, 자기 이야기를 편안하게 나누었습니다.

특히 부부는 묵상 내용을 반드시 서로 나누어야 합니다. 처음에 저는 아내에게 '멋진 남편, 빈틈없는 남편'이 되려고 무척이나 노력했습니다. 흠이 많고 부족함도 많은 저이지만, 아내가 '어, 우리 남편은 멋있어. 뭐든 잘하네. 도덕적으로도 큰 흠이 없는 사람이네' 하고 생각하길 바랐습니다. 그래서 속마음을 제대로 나누지 못했습니다. 그러다 결혼한 지 11년째 되던 해에 제 속에 있는 가장 부끄러운 것까지 아내에게 다 나누었습니다. "나는 당신의 도움이 필요하다. 당신이 나를 도와주지 않으면 이 부분을 감당할 수 없다"면서 속마음을 모두 털어놓은 것입니다. 놀라운 것은 그 이후부터 아내와 더욱 한 몸이 되었다는 사실입니다. 우리는 모든 것을 다 나누었고, 특히 말씀 묵상한 내용을 나누는 것부터 훈련했습니다.

묵상을 할 때 주의해야 하는 또 하나의 문제는 뭔가 기발한 걸 나누려고 하는 영웅 심리입니다. 옆 사람이 자신의 묵상 내용과 비슷한 나눔을 먼저 해 버리면, 또 다른 것을 찾으려 하는 것입니다. 저 역시 이런 유혹을 얼마나 자주 받는지 모릅니다. 그러나 묵상 내용이 같다는 것은 오히려 더 큰 은혜입니다. 둘 사이에 성령님의 교통하심이 있었다는 증거입니다. 이 얼마나 감사한 일인가요. 이를 받아들이지 못하여 온전한 나눔에서 실패하면, 한 몸을 이룰 수 없습니다. 이 점을 기억해 주시기 바랍니다. 에베소서 2장에 기록된 '주 안에서 서로 연결하여 지어진 성전'은, 성령님의 교통하심 가운데 형제자매의 나눔을 통해 세워지는 하나님의 처소이기 때문입니다.

:: 아는 것과 믿는 것

> 우리가 다 하나님의 아들을 믿는 것과 아는 일에 하나가 되어 엡 4:13

하나 된다는 것은 믿는 것과 아는 일에 하나가 되는 것입니다. 여기에는 두 가지 의미가 있습니다. 첫째, 하나 된다는 것은 내가 아는 것과 믿는 것을 하나로 만들어 가는 과정입니다. 둘째, 형제가 알고 있는 하나님과 내가 알고 있는 하나님을 서로 나눔으로써, 같은 하나님을 믿고 공유하는 것입니다. 동상이몽하면 안 됩니다.

저는 설교가 끝난 뒤 바로 그 자리에서 소그룹별로 모여 설교에 관해 나누는 모임을 꿈꿉니다. 교인들이 설교를 듣고 어떤 생각을 하는지 나눌 기회가 없어서 늘 아쉽기 때문입니다. 설교를 들을 때는 다들 '아멘' 하면서 집중하는 듯한데, 제 표현력이 부족한 탓인지 나중에 보면 엉뚱한 이야기를 하며 은혜 받았다고 하기 때문입니다.

저는 고등학교를 다니면서 신앙생활을 시작했습니다. 그때 제 눈에 보이는 어른들의 신앙생활은 서로 너무 달랐습니다. 한 가정의 장로님과 권사님 부부가 헌금하는 것 가지고도 자주 싸우는 것을 보았습니다. 같은 하나님을 믿고 섬기는데 왜 그렇게 갈등이 많은 건지 이해할 수 없었습니다. 저는 이것이 서로 나누지 않기 때문임을 나중에야 알게 되었습니다. 그러니까 장로님이 아는 것과 믿는 것, 권사님이 아는 것과 믿는 것이 서로 달랐던 것입니다.

목회자 가정을 보면, 대개 사모인 아내와 아이들에게 상처가 많습니다. 목사인 남편은 사역하느라 정신없이 바빠서 가정에 신경을 못 쓰기 때문입니다. 저 역시 집에 늦게 들어갈 때가 많아서 아내와 아이들을 돌볼 시간이 거의 없습니다. 그래서 '혹시 아이들이 잘못되면 어쩌지?' 하는 걱정을 종종 합니다.

그러다 국제 예수전도단(YWAM) 설립자이신 로렌 커닝햄을 통해 놀라운 사실을 발견하게 되었습니다. 1996년에 세미나에서 그를 직접 만나게 되었는데, 그는 매주 온 가족이 모여 지난주의 삶에 대해 나눈다고 합니다. 그런 다음에 이번 주의 일정을 서로 나눈다고 합니다. 나눔이 끝나면 모든 일들이 잘 이루어지도록 기도하고, 하나님의 뜻을 이루기 위해 다 같이 헌신을 다짐하는 시간을 갖는다고 합니다. 그래서 아빠가 사역 때문에 3개월씩 나가 있을 경우, 그 사역을 함께 나누고 아이들이 그 시간에 중보기도를 하게 만든다고 합니다. 그러니까 아이들은 아빠가 집에 계시지 않아도 상처받지 않습니다. 왜냐하면 지금 자신이 중보기도자로 서 있기 때문입니다.

그 이야기를 듣자마자, '야, 바로 이거다'라는 생각이 번쩍 들었습니다. 그 이후 저도 장기간 집을 비울 때는, 집에 남아 있는 가족들에게 리더십을 넘겨주고 가게 되었습니다. 제 집사람에게 넘겨줄 때도 있고, 큰아이에게 넘겨줄 때도 있습니다. 물론 막내도 예외가 아닙니다. 누구든지 제게서 리더십을 넘겨받는 사람이 리더가 되는 것이라며, 리더십을 훈련시킵니다. "이제 네가 우리 가정의 주인이야. 아빠의 사역을 위해서 중보자가 되어 주겠니?"

그러면 어린아이도 정말 리더 역할을 잘 수행합니다. 이처럼 리더를 하려면 반드시 나눔이 필요합니다. 나누지 않고는 안 됩니다. 우리 그리스도인의 삶 가운데 문제가 많이 생기는 이유는 나누지 못하기 때문입니다.

온전한 사람, 장성한 사람이 되려면 각 마디를 통해 하나님의 놀라운 은혜가 주시는 도움을 입어야 합니다. 우리가 묵상할 때마다 하나님은 사람을 일으켜 세울 힘을 주십니다. 그 힘은 곧바로 다른 형제와 나누어야 합니다. 또 그 형제는 자신에게 있는 것을 저에게 나누어 주어야 합니다. 나 혼자 슈퍼맨이 될 수는 없습니다.

나눔 시간은 '뷔페'와 같습니다. 다양한 음식을 서로 나누어 먹듯,

하나님이 주신 것을 서로 내놓는 시간입니다. "하나님이 나에게 이런 것을 주셨는데, 진짜 맛있어. 나랑 나누어 먹자"라고 하면서 받은 은혜를 나누면, 영혼이 성장합니다. 각 마디를 통해 힘을 얻는 것입니다.

하나님이 오늘은 아무것도 주지 않으셨다 해도 괜찮습니다. 그런 날은 다른 사람이 내놓는 걸 먹으면 됩니다. 다른 사람이 차려놓은 것을 먹는 것이 뷔페 아닙니까? 나눔을 통해 우리는 서로 힘을 얻고 도움을 얻을 수 있습니다. 이러한 경험을 한 사람일수록 자기 마음속에 하나님이 주시는 것을 더 간절히 흘려보내고 싶어 합니다.

묵상을 했다면, 서로 비교하지 말고 각 지체의 분량대로 나누어야 합니다. 하나님이 정말 충분한 은혜를 주셨다면 자기를 드러내서 자랑하지 말고, 받은 은혜를 각 사람에게 나누어야 합니다. 또한 그 은혜를 나눔 받는 사람은 '하나님은 왜 저 사람에게만 은혜를 주시고 나에겐 아무것도 안 주시나' 하면서 자책할 필요가 없습니다. 왜냐하면 은혜가 그를 통해 나에게로 흘러 들어오기 때문입니다. 놀랍고 신비롭지 않습니까?

다른 사람이 나눌 때, 나도 뭔가 해야 한다고 하는 강박증을 가질 필요가 없습니다. 열등감이나 우월의식도 버려야 됩니다. 나는 아무것도 안 했는데 다른 사람이 밥을 지어 와 열심히 나를 먹여 준다면, 얼마나 즐겁고 고맙겠습니까. 이처럼 우리 안에서 성령님이 역사하시는 부분에 대해서도 기쁜 마음으로 감사드리며, 받아들이면 됩니다.

우리는 서로 한 몸입니다. 이를 믿으십니까? 예를 들어, 어느 날 성령님이 역사하셔서 다른 교인들이 치유와 방언의 은사를 받게 되었다고 합시다. 그런데 이때 '남들은 다 은혜를 받는데, 나만 아무런 일도 일어나지 않잖아!'라고 한다면, 그는 스스로 한 몸이 아니라고 말하는 것입니다.

정말 한 몸이라면, 한쪽이 치유될 때 그 치유가 자연스레 내게도 옵니다. 다친 발가락이 치유되었을 때 손이 "왜 나는 치유해 주지 않습니까?"라고 하면 한 몸이 아니라는 것입니다. 한 몸이 된 지체가 하나님께 받은 놀라운 은혜를 나누면, 열등감을 갖지 말고 '우리 몸 가운데 하나님이 놀라운 일을 행하셨구나'라고 생각하면서 자연스레 받으면 됩니다. 그것이 나눔입니다.

정말 한 몸이라고 생각한다면, 내가 아닌 다른 지체를 통해 성령님의 역사하심이 일어나도, 그 일 자체만으로 정말 감사할 수밖에 없습니다. 몸의 일부에서 일어난 일은 곧바로 전체에 영향을 미칩니다. 밥을 열심히 먹는 것은 입이나, 위가 채워지는 것과 같습니다. 우리 중 어떤 사람에게든 하나님의 놀라운 역사가 나타난다면, 우리 몸 전체에 영향을 미칠 것입니다. 그것이 몸입니다. 사탄은 우리가 나누지 못하도록 철저하게 막습니다. 우리는 이 부분을 반드시 깨뜨려야 합니다.

:: 누구와 나눠야 하는가

함께하는 사람이 누구인지에 따라 묵상 나눔의 방식이 달라집니다. 크게, 성도의 그룹과 믿지 않는 사람의 그룹으로 나눌 수 있습니다.

먼저, 함께 신앙생활을 하는 성도와 나눌 때에는 깊은 마음의 생각과 감정, 그리고 하나님이 나와 공동체에게 말씀하신 것을 나눌 수 있습니다. 아마도 많은 분이 구역 예배나 양육 모임, 셀 그룹, 가정교회 등에서 말씀을 함께 나누고 계실 것입니다. 이 나눔의 목적은 공동체를 세워 가는 데 있습니다(엡 4:16). 공동체는 서로 연결되어 있습니다. 그래서 내가 받은 하나님의 마음과 성령의 역사는 공동체 속으로 흘러 들어가게 됩니다. 그리고 나 또한 공동체를 통해 하나님의 마음과 성령의 역사를 받습니다. 이렇게 함으로 우리는 서로 세우게 됩니다.

보편적인 경우는 아니지만, 복음을 전하기 위해서 불신자에게 묵상 내용을 나눌 수도 있습니다. 이럴 때는 함께 성경을 읽으면서 나눌 수는 없습니다. 상대방이 신앙적 용어나 표현을 낯설어 할 것이기 때문입니다. 예전에 6명 남짓의 가정교회 식구들과 모임을 한 적이 있었는데, 오랫동안 전도대상으로 삼고 기도하던 두 사람이 극적으로 모임에 참석하게 되었습니다. 정말 기뻤습니다. 우리는 그분들이 어색해하지 않도록 식사와 다과를 나누는 정도로만 모임을 진행했습니다. 그렇게 몇 번 모임을 갖고 나서 좀 친해졌다는 생각이 들자, 간단하게 찬양과 말씀을 나눠 보았습니다. 하지만 그 두 사람이 얼마나 어색해하고 힘들어했던지, 급히 모임을 마무리하고 말았습니다.

저 역시 당황해서 모임 내내 땀을 뻘뻘 흘려야 했지만, 덕분에 귀한 교훈을 한 가지 배울 수 있었습니다. 아직 하나님을 모르는 사람, 복음에 대해 관심이 없는 사람, 배우자나 가족 때문에 어쩔 수 없이 기독교 모임에 참석하는 불신자에게는 그들에게 맞는 방식으로 말씀을 나누어야 한다는 것을 말입니다.

이런 경우에는 '간증'이 효과적입니다. 내가 만난 하나님을 소개하는 것입니다. 이러저러한 상황에서 성경말씀을 읽다가 하나님을 만났는데, 그를 통해 하나님이 이러저러한 분이심을 경험했으며 문제를 결국 어떻게 해결하게 되었는지 나누는 것입니다. 객관적인 정보가 아니라 우리 삶과 경험 속에 임하신 하나님을 보여 줄 수 있기 때문에 복음을 전하기 좋은 방법입니다.

사도 바울도 상대방의 접촉점을 찾아 아덴의 이방인에게 복음을 전했습니다(행 17:16-34). 아덴 사람들의 종교성이 크다는 점에 주목한 그는, 그들의 인기 문학작품에 등장하는 "우리가 그의 소생이라"는 말을 근거로 하나님을 전했습니다. 이처럼 접촉점을 찾아 하나님과 그분의 복음을 증거할 때에는, 묵상 나눔보다는 간증의 형식을 빌려 대화하기 바랍니다.

그러므로 평소에 묵상을 나눌 때, 성경 본문에 대한 정리나 해석은 배제하는 훈련을 해두면 도움이 될 것입니다. 묵상 나눔은 성경 본문에 대해 설명하는 자리가 아닙니다. 특히 같은 본문을 묵상하고 나누는 시간이라면, 물론 묵상을 하지 않고 참석하는 사람도 있겠지만, 참석자 대부분 그 내용을 잘 알고 있을 것입니다. 그런 자리에서 굳이 본문 내용을 정리하거나 요약할 필요는 없습니다.

묵상 내용을 불신자에게 나눌 때는 '자기 자신'을 나누는 것이 좋습니다. 말씀이 내 안에 들어옴으로 밝히 드러난 내 마음과 생각을 나누는 것입니다(히 4:12-13). 그리고 그 말씀에 내 영이 어떻게 반응했는지도 나누십시오. 다시 말해, 그 말씀을 읽고 묵상하면서 깨닫게 된 마음과 생각과 감정과 태도를 나누라는 것입니다. 그러므로 그런 자리에서는 "오늘 성경을 읽었는데 이러저러하게 느꼈습니다", "저는 오늘 이런저런 생각이 들었습니다", "이렇게 하기로 마음먹었습니다" 같은 말투를 사용하는 것이 좋습니다.

그다음에는 말씀을 통해 경험한 하나님에 대해 나누십시오. 하나님이 어떤 일을 하셨는지, 그분의 성품은 어떤지, 무엇에 관심을 두시는지, 무엇을 원하시는지 등에 대해 본인이 깨달은 바를 나누면 됩니다. 그럴 때 하나님의 생명이 듣는 사람에게로 흘러가리라 믿습니다.

## :: 어떻게 나눌 것인가

묵상에 대해 강의하거나 워크숍을 이끌다 보면, 묵상하는 것만큼이나 나눔의 방법에 대해 헷갈리는 사람이 많습니다. 그래서 여기 몇 가지 간단한 지침을 소개하려고 합니다.

첫째, 본문에 나타난 정보나 사건이 아니라 자신에게 적용한 바를 나누어야 합니다. 묵상을 하다 보면, 그 메시지에 해당되는 누군가가 자꾸 떠오를 때가 있습니다. '아, 이 말씀은 그 친구가 들었어야 하는데….' 그러나 자신의 묵상 내용을 다른 사람에게 적용해서는 안 됩니다. 나눌 때에는 반드시 자기 자신에게 적용한 바를 나누어야 합니다.

둘째, 본문의 사건이나 인물이 아니라 하나님께 초점을 두어야 합니다. 쉽지 않은 일이지만, 반드시 훈련하시기 바랍니다. 설교를 통해 은혜를 받은 아내가 집으로 돌아와 남편에게 말합니다. "우리 목사님 설교가 얼마나 은혜로운지 아세요?" 그러면서 목사님 이야기를 잔뜩 늘어놓습니다. 그러면 남편이 무슨 생각을 하겠습니까? '그 목사님 정말 대단하시네'라고 할까요? 아닙니다. '그렇게 좋으면 그 사람하고 살아라'는 마음이 들지 않겠습니까? 설교 듣고 은혜를 받았으면, 목사님이 아니라 하나님이 얼마나 놀라운 분인지 나누시기 바랍니다.

셋째, 나눔이 아니라 누군가를 향한 설교가 되어서는 안 됩니다. 어떤 사람들은 현장의 누군가가 내 나눔을 꼭 들어야만 한다는 '왜곡된' 사명감으로 나눔을 합니다. 그러나 그렇게 나누면 백이면 백 그 말씀을 받아들이지 않습니다. 그런 나눔은 상처만 만듭니다. 특히, 신앙생활을 열심히 하는 아내는 교회를 대충 다니는 남편을 붙들고 "이렇게 교회 다니고, 이렇게 살아야 한다"라며 자기 신앙을 강요합니다. 이는 분명히 맞는 말이지만, 하나님의 마음이 전달되지 않습니다. 그저 상대방의 마음만 상할 뿐입니다.

특히 목회자들이 이런 것을 잘 못합니다. 나누라고 하면 설교합니다. 자기 묵상 내용을 나누는 것이면서도, "우리는 이렇게 해선 안 된다"라고 마무리합니다. 묵상을 나눌 때는 반드시 일인칭 단수를 사용해야 하며, 하나님을 드러내는 데 초점을 맞추어야 합니다. 개인의 문제나 변화된 삶을 나눌 때 오직 하나님만 드러내라는 것입니다.

묵상 나눔의 방법에 대한 제 말이 부담스럽게 느껴질 분들을 위해 한마디 덧붙이자면, 여기에 너무 매이지는 마시기 바랍니다. 저는 그저 묵상에서 중요한 것이 무엇인지 강조했을 뿐입니다. 나눔을 잘했다, 또는 못했다는 마음을 가져서는 안 됩니다. 자기 자신에 대해서는 물론이고, 다른 사람의 나눔을 들었을 때도 그렇게 해선 안 됩니다. 성경을 잘못 해석해서 말도 안 되는 부분을 나눌 때도 있지만, 그래도 "맞았다" 또는 "틀렸다"고 말하면 안 됩니다.

:: 있는 모습 그대로 나누라

다른 사람의 묵상 나눔을 들을 때, 우리는 그가 경험한 하나님에 초점을 맞춰야 합니다. '나는 하나님과 어떤 이야기를 나눌까?'에 관심을 두어야 합니다. 열등감을 갖고 비교하거나 비판하지 말고, 있는 모습 그대로 나누고 받아들이면 됩니다. 나눌 것이 없으면 솔직히 고백하십시오. 그것이 오히려 정직한 일입니다.

어떤 사람들은 묵상을 빼 먹으면 죄책감을 느낍니다. 사실 옛날부터 한국 교회 안에는 이러한 영적 정서가 있었습니다. 어쩌다 새벽예배를 하루 빼 먹으면 종일 불안해합니다. 주일 성수를 못하면 일주일 내내 불편해합니다. 그러다 사고가 나거나 안 좋은 일이 생기면, 예배 빼 먹은 탓이라며 믿어 버립니다.

하지만 예수님은 우리가 새벽예배나 주일예배, 묵상 시간을 지키는지 출석부에 체크해서 혼내시는 분이 아닙니다. 이러한 생각은 하나님이 아니라 사탄에게서 온 것입니다. 하나님은 묵상을 안 했다고 미워하거나 괴롭히시는 분이 아닙니다. 그런데도 묵상을 안 했다고 자기 스스로 아침 굶식(?)을 한다든지, 그 사람을 정죄해서는 안 됩니다. 묵상은 하나님을 경외하는 삶을 배우며 그분을 닮아 가는 과정입니다. 사람이든 하나님이든 깊은 관계를 맺으려면 친해져야 합니다. 자주 만나고 함께 오랜 시간을 보내며 많은 대화를 나누어야 합니다. 벌칙이나 규제로 유지하는 것이 아닙니다.

그러니 결코 다른 사람과 자신을 비교하지 마십시오. 지금 서 있는 그 자리에서, 지금 그대로의 상태와 모습으로 하나님께 나아가십시오. 그것이면 됩니다. 사람마다 삶의 배경이 다르고, 영적 성장 과정이 다르며, 하나님이 주시는 말씀이 다릅니다. 그러므로 묵상은 성적을 매기듯 평가할 수 없는 것입니다.

:: 하나님과 대화하듯 묵상하기

홀로 묵상할 때 느끼고 깨닫는 모든 것은 하나님과 나 사이에서 일어나는 놀라운 경험입니다. 그 시간에 우리는 하나님께 솔직히 모든 것을 털어놓을 수 있습니다. 하지만 홀로 묵상할 때조차 하나님께 정직하게 마음을 열지 못하는 사람이 의외로 많습니다. 자신의 마음을 있는 그대로 나눠 볼 기회가 별로 없어서 그런 것 같습니다.

저는 이런 분들에게는 묵상을 하면서 마음속에 떠오르는 모든 것을 펜이 가는 대로 자유롭게 적어 보라고 권면합니다. 여러분도 그렇게 해보시기 바랍니다. 그런 다음에 그 글을 가만히 들여다보면, 자신의 마음속에 어떤 것이 있는지 보게 될 것입니다.

이렇게 생각이나 감정을 정직하게 드러내면, 성령님이 주시는 교훈과 책망을 자연스럽게 경험할 수 있습니다. 이것이 말씀의 능력입니다. 강요하지 않아도 자기 의지만으로 하나님 앞에서 새로운 변화를 결단하게 되는 것입니다.

묵상할 때 아픔이나 두려움이 밀려듭니까? 그렇다면 그것을 그대로 하나님께 올려드리십시오. "주님, 제 마음 깊은 곳에서 쓴 물이 나옵니다." "주님, 마음이 아픕니다." "오늘은 왠지 기분이 좋고 유쾌합니다." 긍정적인 고백이든, 부정적인 고백이든 다 좋습니다. 말로 하기가 어렵다면, 앞에서 제안한 대로 글로 옮겨 보십시오.

그리고 제가 적극적으로 추천하는 또 하나의 방법이 있는데, 바로 대화의 형태로 표현하는 것입니다. 하나님과 대화하는 것처럼 묵상하는 것은 매우 유익합니다. 물론 다른 사람에게는 자문자답처럼 보일 수 있습니다. 하지만 성령님은 우리와 늘 함께하시면서 우리 얘기에 귀 기울이며 응답하시는 인격적인 분입니다. 이를 온전히 믿으며 대화해 보십시오. 이 믿음 없이는 하나님을 만나고 경험할 수 없습니다. 그분에게 질문할 수도, 그 음성에 귀 기울일 수도 없습니다. 혼자 생각하고 혼자 대답하다가 묵상 시간을 마무리하게 될 것입니다. 그러나 묵상은 결코 그런 것이 아니며, 그래서 믿음이 중요합니다.

우리는 하나님이 영이시며 인격적인 분이라는 것을 믿어야 합니다. 그래야 하나님께 묻고 그 말씀에 귀 기울이려는 마음이 계속 솟아나며, 불현듯 임하시는 성령의 감동을 경험하게 됩니다. 그 역사로 우리 영혼이 생명을 얻고 예수님처럼 살게 될 것입니다. 이는 혼자 궁리하고 사색하는 것과는 전혀 다른 차원의 문제입니다. 이런 경험들을 통해 우리는 성령님께 민감하게 됩니다.

성경에도 이런 예가 많이 기록되어 있습니다. 예레미야를 부를 때, 하나님은 그와 대화하셨습니다.

> 내가 너를 모태에 짓기 전에 너를 알았고 네가 배에서 나오기 전에 너를 성별하였고 너를 여러 나라의 선지자로 세웠노라 하시기로 내가 이르되 슬프도소이다 주 여호와여 보소서 나는 아이라 말할 줄을 알지 못하나이다 하니 여호와께서 내게 이르시되 너는 아이라 말하지 말고 내가 너를 누구에게 보내든지 너는 가며 내가 네게 무엇을 명령하든지 너는 말할지니라 너는 그들 때문에 두려워하지 말라 내가 너와 함께 하여 너를 구원하리라 나 여호와의 말이니라 하시고 렘 1:5-8

예레미야가 "어쩌면 좋습니까. 저더러 어떻게 하라는 말씀입니까? 저는 나이도 어리고 모든 면에서 한참 부족한 사람입니다"라고 하자, 하나님은 계속 그와 대화하시면서 그의 생각을 바꿔 주십니다. 결국 예레미야는 성령의 감동을 따라, 자신을 향하신 하나님의 뜻과 마음을 깨닫게 됩니다. 그리고 나서 하나님은 예레미야에게 살구나무 환상을 보여 주시며 이렇게 말씀하십니다.

> 여호와의 말씀이 또 내게 임하니라 이르시되 예레미야야 네가 무엇을 보느냐 하시매 내가 대답하되 내가 살구나무 가지를 보나이다 여호와께서 내게 이르시되 네가 잘 보았도다 이는 내가 내 말을 지켜 그대로 이루려 함이라 하시니라 11-12절

'살구나무'를 뜻하는 히브리어 '쇠케드'는 '지키다'라는 뜻의 동사인 '쇠카드'에서 파생되었습니다. 그러므로 본문의 '살구나무를 본다'는 말은, 발음이 비슷한 단어를 사용해서 '하나님이 말씀하신 것이 그대로 이루어지는 것을 본다'는 것을 중의적으로 표현한 것입니다. 이처럼 하나님은 언어적 유희까지 동원하면서까지 마음을 나누기 원하시는 분입니다. 하나님은 우리가 대화하듯 말씀을 묵상할 때 기뻐하십니다. 그리고 이는 영적 성숙과 성장의 좋은 밑거름이 됩니다.

저희 교회에서도 묵상 내용을 하나님과의 대화로 기록해서 함께 나누는 시간을 갖고 있습니다. 그것을 통해 우리는 하나님과의 교제가 잘 이루어지고 있는지, 어떤 부분에서 성령님이 감동을 주셨는지, 그리고 이것이 하나님에게서 온 것인지 나 혼자만의 생각인지 살펴봅니다. 이러한 시간을 통해 많은 성도가 하나님을 만나고 교제하며 성령의 감동을 분별하는 훈련을 하고 있습니다.

:: 죄와 허물, 아픔과 상처를 나눌 때

공동체에서 죄와 허물, 아픔과 상처를 어떻게 나누어야 할지 생각해 봅시다. 묵상 나눔의 깊이는 공동체 구성원에 대한 신뢰도와 정비례합니다. 신뢰가 깊을수록 나누는 범위가 넓어집니다. 그 반대로 공동체 구성원을 믿지 못한다면, 아무리 편안하고 화기애애한 분위기가 조성되어 있어도 속내를 나누기가 어렵습니다. 설사 억지로 나눈다 해도, 이러한 '드러냄'은 개인이나 공동체에 유익을 끼치지 못합니다.

그러므로 유익한 묵상 나눔을 하고 싶다면, 먼저 공동체 가운데 신뢰를 쌓아야 합니다. 믿고 의지할 수 있는 대상에게 마음을 열고 아픔과 상처를 보여 주려 하는 것이 인지상정입니다. 그런 관계만 형성된다면, 굳이 나누라고 시키지 않아도 자연스럽게 개인의 허물과 죄, 아픔과 상처를 나누며 서로 격려하고 공감하고 용납할 수 있습니다.

그런데 저는 묵상 나눔 시간에 나누는 죄나 상처는 공동체와 관련된 것을 나누는 게 좋다고 생각합니다. 물론 개인의 모든 죄와 허물, 상처는 공동체와 관련이 있습니다. 하지만 공동체 밖에서 벌어진 일과 공동체 안에서 벌어진 일은 완전히 다른 문제입니다. 저는 공동체 안에서 벌어진 죄와 허물, 아픔과 상처를 겸손히 드러내어 용서를 구할 수 있어야 한다고 생각합니다. 또한 공동체도 그것을 나눈 사람을 아무 조건 없이 용서하고 용납해야 한다고 믿습니다.

그런데 이런 경우에는 반드시 자기 이야기만 해야 합니다. 다른 사람의 허물이나 죄를 자기 마음대로 드러내서는 절대로 안 됩니다. 만약 그래야 하는 상황일 경우에는 성경에 나오는 원칙에 따라 절차를 밟아야 합니다.

> 네 형제가 죄를 범하거든 가서 너와 그 사람과만 상대하여 권고하라 만일 들으면 네가 네 형제를 얻은 것이요 만일 듣지 않거든 한두 사람을 데리고 가서 두세 증인의 입으로 말마다 확증하게 하라 만일 그들의 말도 듣지 않거든 교회에 말하고 교회의 말도 듣지 않거든 이방인과 세리와 같이 여기라
>
> 마 18:15-17

하나님이 공동체 구성원의 죄와 잘못을 다루도록 말씀하셨다면, 먼저 당사자와 단 둘이 이야기 나눠야 합니다. 그래서 본인이 죄를 인정하고 회개하도록 이끌어야 합니다. 그것이 가장 아름답고 덕스러운 일입니다. 하지만 안타깝게도 그가 자신의 문제를 인정하지 않는다면, 따로 증거를 찾거나 증인을 세워야 합니다. 그런데 이번에도 그가 잘못을 인정하지 않는다면, 그다음에는 공동체 안에서 드러내야 합니다.

또한 개인이 아니라 공동체 전체를 향해 말씀하신 것 역시, 내부에서 나누고 다뤄야 합니다. 우리는 하나님이 공동체의 문제에 대해 뭐라고 말씀하시는지 듣고 나눌 수 있어야 합니다. 그렇게 하려면 공동체가 다 함께 하나님 음성 듣는 삶을 훈련해야 하며, 서로 소중히 여기는 마음과 신뢰를 쌓아야 합니다.

그리고 또 하나 주의할 점은, 어떤 일이 있어도 공동체 안에서 나눈 내용을 외부로 흘려보내서는 안 된다는 것입니다. 이는 배타적이 되라는 말이 아닙니다. 공동체의 모든 구성원이 서로 철저히 보호할 의무와 책임을 감당해야 한다는 말입니다. 아무리 좋은 이야기라도, 공동체 안에서 나눈 것을 외부에 알리려면 먼저 공동체의 허락을 받아야 합니다. 공동체와 함께 결정해야 합니다. 공동체가 그 내용을 밝히지 않고 보호하기 원한다면, 당연히 그 결정에 순종해야 합니다.

## :: 묵상한 것을 기록하라

묵상 내용을 노트에 기록하는 것은 큰 유익을 줍니다. 묵상 내용을 적어 놓으면, 하나님이 내 삶을 어떻게 인도하셨는지 살펴볼 수 있습니다. 또한 하나님은 그분의 뜻과 계획에 따라 우리를 일관성 있게 인도하시는 분이기에, 지속적으로 말씀을 묵상하며 기록한 노트는 인생의 방향을 결정할 때 결정적인 도움을 주는 자료가 됩니다.

하나님과의 정기적인 만남이나 그분이 내 삶 속에서 행하신 일들에 대해 기록해 두지 않으면, 무언가를 결정할 때마다 방황하고 갈등하기 쉽습니다. 그러나 묵상을 기록해 둔 노트가 있으면, 훌륭한 기준점으로 삼을 수 있습니다. 이는 매우 중요한 일입니다. 저도 어디를 가든 늘 묵상 노트를 들고 다니면서, 하나님이 말씀하시는 것을 적거나 지난 기록을 살펴보며 기도합니다.

물론 이렇게 묵상 내용을 기록할 때에도 따로 정해진 불변의 원칙은 없습니다. 사람마다, 책마다, 모임마다 각자의 강조점에 따라 각자에게 맞는 것을 잘 골라 적용하면 됩니다.

여기에서는 제 경험에 비추어, 묵상을 기록할 때 도움이 될 만한 몇 가지 원칙을 설명해 보겠습니다.

### 본문의 내용을 요약하라

본문 내용을 두세 문장으로 요약해 봅니다. 본문 분량이 적다면 한 문장으로 끝내도 좋습니다. 이는 말씀을 말씀 그 자체로 이해하기 위한 훈련입니다. 묵상할 때 가장 많이 하는 실수는, 성경을 지나치게 주관적으로 해석하는 것입니다. 자기 마음대로 말씀을 이해하는 것입니다. 이는 묵상이 무엇인지 모르거나 올바르게 배운 적이 없기 때문에 나타나는 현상입니다.

물론 말씀을 이해하거나 본문을 읽고 연구하려고 묵상을 하는 것은 아닙니다. 묵상은 본문 내용을 기반으로 하지만, 개인마다 해석이 다릅니다. 묵상을 하며 마음에 와 닿는 단어나 표현을 통해 하나님을 경험하기도 하고, 하나님을 인격적으로 만나면서 묵상을 시작하기도 합니다. 말씀을 통해 하나님을 인격적으로 만나고 말씀 가운데 계시된 하나님을 깊이 알아 가는 것, 그것이 바로 묵상의 핵심입니다. 그래서 묵상의 적용은 온전히 주관적이고 개인적일 수밖에 없습니다. '어떻게 실천할 것인가'보다 하나님과 '얼마나 오랫동안 동행하는가'에 초점이 있기 때문입니다. 행함(doing)보다는 관계(relationship)인 것입니다. 우리는 이 의미를 온전히 기억하며 묵상해야 합니다.

그런데도 왜 본문 내용을 요약해야 하는 것일까요? 본문 내용과 전혀 상관없는 엉뚱한 방향으로 묵상하지 않기 위해서입니다. 본문 내용을 요약한 문장은 나침반이 되어 줍니다. 그 자체가 목적은 아니지만, 적어도 본문이 말하는 바를 올바르게 이해할 수 있어야 깊이 있는 묵상이 가능합니다. 그래서 본문을 두세 문장으로 간단하게 요약하는 것이 큰 도움이 됩니다.

처음에는 귀찮고 어려울 수 있습니다. 그러나 신앙생활을 오래하신 분들도, 대부분 이 단계를 통해 말씀의 진정한 의미를 발견할 수 있었다고 고백합니다. 본문 요약은 가급적 자기 힘으로 하는 것이 좋습니다. 잘 모르는 단어나 인물, 지명이 나올 때는 성경 사전이나 주석을 참고해도 좋지만, 가급적 스스로 하도록 연습하시기 바랍니다.

### 본문의 상황을 파악하라

성경은 모두 특정한 상황 속에서 주어졌고 기록되었습니다. 그래서 대부분 말씀이 이야기(story)를 배경으로 하고 있습니다. 하나님께 순종하는 사람이든 그렇지 않은 사람이든, 우리 삶 속에서는 언제나 갈등과 문제가 일어납니다. 하나님은 그 가운데 찾아와 말씀하시고 새 일을 행하십니다. 성경은 온통 이런 이야기로 가득 차 있습니다.

그래서 저는 묵상을 기록할 때 본문의 배경, 즉 상황을 기록합니다. 특히 이야기로 되어 있는 말씀은 그 상황을 훨씬 더 쉽게 파악할 수 있습니다. 예를 들어, 창세기나 출애굽기, 민수기 같은 구약 역사서나 신약의 공관복음, 사도행전은 상황을 파악하는 훈련을 하기에 적합한 책입니다.

교리를 중심으로 기록된 바울 서신서의 경우, 이야기 자체가 겉으로 드러나지 않기 때문에 사전 지식 없이 상황을 파악하기란 쉽지 않습니다. 이런 경우에는 성경 사전과 주석을 참고하는 것이 더 좋습니다. 그러므로 상황을 기록하는 훈련은 이야기 중심으로 된 본문을 묵상할 때 해보기 바랍니다.

등장인물이 살아가는 현장을 찾아 적어 보십시오. 본문 상황을 최대한 정확하게 이해하고자 하는 것이므로, 구석구석 꼼꼼히 따져 기록하는 것이 좋습니다. 말씀 속 현장을 기록해 보면, 하나님이 모든 상황 속에 함께하셔서 기록하게 하셨음을 깨닫게 될 것입니다. "이 말씀의 상황 속에 계시는 하나님은 어떤 분이신가? 지금 그 상황 중에서 하나님은 어떤 일을 하고 계신가?"

상황과 하나님을 자연스럽게 결부시켜 생각할 수 있다면, 하나님이 어떤 분이신지 자연스레 묵상하게 될 것입니다. 본문에 하나님이 나타나 있지 않더라도 그 가운데 하나님이 함께 계심을 깨닫게 되며, 더 나아가 내 삶의 현장에도 하나님이 동일하게 임하신다는 것을 믿음의 눈으로 바라보게 될 것입니다.

### 특별한 부분을 기록하라

본문이나 상황에서 특별히 마음에 와 닿는 부분을 기록합니다. 저는 대부분 묵상할 때 성경 본문을 출력합니다. 출력한 본문에 내용을 요약하고 상황을 기록한 뒤, 마음에 와 닿는 부분을 표시합니다. 단어든 표현이든 사건이든 상관없습니다. 생각을 건드리고 마음을 잡아끄는 부분을 찾아보십시오. 이런 부분에서부터 성령의 감동이 시작되기 때문입니다.

### 자신의 반응을 기록하라

말씀을 읽고 묵상할 때, 내면에서부터 나타나는 반응이 있습니다. 말씀이 내 마음의 어떤 부분에 역사하는지, 묵상 가운데 어떤 생각과 기분과 느낌이 떠오르는지, 하나님과 어떤 대화를 나누는지 살펴보면 자신이 어떤 상태이며 어떤 문제를 안고 있는지 알 수 있습니다.

말씀은 거울처럼 우리 내면을 비춰 주기 때문에, 이것은 묵상을 기록하는 단계에서 가장 중요한 부분입니다. 이것을 자세히 기록해 두었다가 그 내용을 갖고 하나님께 나아가 기도할 수도 있을 것입니다.

### 하나님이 말씀하신 것을 기록하라

하나님과 나눈 대화나 마음을 적어 보십시오. 이 부분은 묵상을 마친 다음에 기록해도 좋습니다. 일기 형태의 독백이나 하나님과 나눈 대화체로 기록할 수도 있는데, 꼼꼼히 기록하는 것이 중요합니다. 처음에는 이렇게 하기가 힘들지도 모릅니다. 하지만 노트가 점점 쌓이면, 하나님과 어떻게 대화했으며 그분이 뭐라고 말씀하셨는지, 그리고 나는 어떻게 반응했는지 흐름을 보게 될 것입니다.

저는 개인적으로 대화체로 기록하는 것을 좋아합니다. "하나님은 내게 뭐라고 말씀하셨는가? 나는 그분의 말씀에 뭐라고 반응했는가? 내 반응에 대해 하나님은 어떻게 응답하셨는가?"

이런 식으로 기록하다 보면, 자연스럽게 깊이 있는 묵상을 할 수 있습니다. 메모하는 습관을 갖고 있지 않거나 묵상할 때 기록하지 않는 분에게는 이 일이 어려울지도 모릅니다. 하지만 이것은 하나님의 음성을 듣는 훈련과도 연결되는 것이므로, 꼭 훈련하시기 바랍니다.

여러분의 이해를 돕고자, 제가 묵상한 내용을 간단히 나누려 합니다. 앞에서 소개한 원칙을 제가 어느 부분에 어떻게 적용했는지 살펴보시기 바랍니다.

모든 사람이 이런 식으로 묵상하고 기록해야 한다는 것은 아닙니다. 이것은 단지 하나의 예이며, 여러분 각자 자신의 아이디어와 방법을 사용해서 창조적으로 묵상하도록 돕기 위해 소개하는 것입니다.

**본문 요 1:1-5**

태초에 말씀이 계시니라 이 말씀이 하나님과 함께 계셨으니 이 말씀은 곧 하나님이 시니라 그가 태초에 하나님과 함께 계셨고 만물이 그로 말미암아 지은 바 되었으니 지은 것이 하나도 그가 없이는 된 것이 없느니라 그 안에 생명이 있었으니 이 생명은 사람들의 빛이라 빛이 어둠에 비치되 어둠이 깨닫지 못하더라

*말씀에서 느껴지는 하나님의 모습*

하나님은 오늘 내게 태초의 이야기를 들려주신다. 자식을 품에 안고서, "네가 태어나기 전에는 어땠는지 아니?"라며 아기가 태중에 있었을 때의 추억을 들려주는 아버지처럼.

    태어나기 전의 모습을 아기가 전혀 모르듯이, 나는 태초의 이야기를 모른다. 상상할 수도 없다.

*내용 요약*

그런데 하나님은 내가 지금 보는 모든 것 중에 그분과 상관없이 만들어진 것이 하나도 없다고 말씀하신다. 그분이 계셨기에 나도 있고, 가족도 있고, 교회도 있고, 세상도 있다는 것이다.

    하나님은 나를 태초로 데려가셔서, 눈을 열어 보게 하신다.

    "보이니? 그 말씀 안에 생명이 있구나. 그 생명은 사람들의 빛이란다. 그 말씀 안에 생명이 있었고, 이 생명이 빛이 되어 사람들을 비춰 준단다."

    모든 사람이 그 빛을 받고 있다. 마치 해바라기처럼…. 은혜, 은혜로다! 놀라운 하나님의 축복이다!!

*특별히 와닿는 것*

그런데 내 삶은 아직도 어둠 속에 있다. 내 안에 생명이 있고 하나님은 내게 빛을 비춰 주시는데, 여전히 나는 어둠 속에 있다. 나 외에는 아무도 보지 못한다. 가족을 비롯한 사랑하는 사람의 아름다움을 보

지 못한다. 원망한다. 불평한다. 미워한다. 시기한다. 끝없이 비교하며 상처투성이로 살아간다. 나는 어둠 속에 살고 있다. 빛이 있어도 보지 못한다.

그래도 하나님은 계속 빛을 비추신다. 원망하고 불평하는 내게 빛을 비추신다. 그분의 사랑은 정말 여전하다. 얼마나 안타까우실까? 얼마나 마음이 아프실까?

빛을 보지 못하는 자녀를 품고 그 눈을 어루만져 아버지의 영광을 보고 그 따뜻한 빛을 보기 원하신다.

> 나의 반응

내 삶의 현장을 들여다보자. 빛이 비춰지는데, 계속 어둠 속에 있는 영역이 있다.

- 분노: 넌 왜 그러니? 당신은 왜 그래?
- 말하고 싶지 않은 관계: 말해도 소용없잖아!
- 비교: 너도 열심히 하면 돼.
- 우울: 내가 왜 사나?

어둡고 칙칙한 내 삶의 영역들…, 빛이 있지만 어두운 영역들…, 하지만 하나님은 오늘도 내게 빛을 비추시고 동행하신다.

> 하나님이 주신 마음

내게 생명이 있다는 약속을 볼 때마다, 내 가족과 성도들에게 생명이 있다는 약속을 볼 때마다 나는 어둠에 상관없이 감사하지 않을 수 없다. 할렐루야!

생명이 있다는 건, 내가 아버지의 품에 있다는 증거다. 나는 여전히 아버지 품 안에 있다. 할렐루야!

**본문 요 1:19-34**

유대인들이 예루살렘에서 제사장들과 레위인들을 요한에게 보내어 네가 누구냐 물을 때에 요한의 증언이 이러하니라 요한이 드러내어 말하고 숨기지 아니하니 드러내어 하는 말이 나는 그리스도가 아니라 한대 또 묻되 그러면 누구냐 네가 엘리야냐 이르되 나는 아니라 또 묻되 네가 그 선지자냐 대답하되 아니라 또 말하되 누구냐 우리를 보낸 이들에게 대답하게 하라 너는 네게 대하여 무엇이라 하느냐 이르되 나는 선지자 이사야의 말과 같이 주의 길을 곧게 하라고 광야에서 외치는 자의 소리로라 하니라 그들은 바리새인들이 보낸 자라 또 물어 이르되 네가 만일 그리스도도 아니요 엘리야도 아니요 그 선지자도 아닐진대 어찌하여 세례를 베푸느냐 요한이 대답하되 나는 물로 세례를 베풀거니와 너희 가운데 너희가 알지 못하는 한 사람이 섰으니 곧 내 뒤에 오시는 그이라 나는 그의 신발끈을 풀기도 감당하지 못하겠노라 하더라 이 일은 요한이 세례 베풀던 곳 요단 강 건너편 베다니에서 일어난 일이니라 이튿날 요한이 예수께서 자기에게 나아오심을 보고 이르되 보라 세상 죄를 지고 가는 하나님의 어린양이로다 내가 전에 말하기를 내 뒤에 오는 사람이 있는데 나보다 앞선 것은 그가 나보다 먼저 계심이라 한 것이 이 사람을 가리킴이라 나도 그를 알지 못하였으나 내가 와서 물로 세례를 베푸는 것은 그를 이스라엘에 나타내려 함이라 하니라 요한이 또 증언하여 이르되 내가 보매 성령이 비둘기같이 하늘로부터 내려와서 그의 위에 머물렀더라 나도 그를 알지 못하였으나 나를 보내어 물로 세례를 베풀라 하신 그이가 나에게 말씀하시되 성령이 내려서 누구 위에든지 머무는 것을 보거든 그가 곧 성령으로 세례를 베푸는 이인 줄 알라 하셨기에 내가 보고 그가 하나님의 아들이심을 증언하였노라 하니라

### ❋ 요약
세례 요한의 정체성: 나는 그리스도가 아니라 그분의 길을 준비하게 하는 소리다

### ❋ 상황
세례 요한이 요단강 건너편 베다니에서 세례를 베풀 때, 예루살렘의 유대 지도자들은 사람을 보내 그가 누구인지, 혹시 메시아는 아닌지 알아보게 했다. 그들의 질문에 세례 요한은 거침없이 대답했다.

"나는 그리스도가 아니다!"
"나는 주의 길을 곧게 하라고 광야에서 외치는 자의 소리다!"
"나는 물로 세례를 베풀지만 이제 곧 오실 그분은 내가 그 신발 끈 푸는 것도 감당할 수 없다."

많은 사람이 세례 요한에게 주목했다. 그래서 그리스도가 아니냐는 기대감 섞인 질문을 자주 했을 것이다. 하지만 요한은 자신이 누구인지 정확하게 알고 있었다.
자신을 정확하게 인식한 사람, 세례 요한!

### ❋ 마음에 와 닿은 구절

- 19절 "네가 누구냐"
- 22절 "너는 네게 대하여 무엇이라 하느냐"
- 33절 "나도 그를 알지 못하였으나 나를 보내어…하신 그이가…하셨기에"
- 34절 "내가 보고 그가 하나님의 아들이심을 증언하였노라"

## ✱ 반응

"넌 누구냐?" "네 자신을 설명해 봐라."

오실 구원자, 즉 그리스도를 위해 태어난 사람답게 세례 요한은 이런 질문 앞에서도 당당하게 자신의 정체성을 밝혔다. '주의 길을 곧게 하라고 광야에서 외치는 자의 소리.' 그는 세례를 줄 때 성령이 임하는 사람이 곧 그리스도라는 것 외에는 아는 바가 전혀 없었지만, 당당하게 소리쳤다.

만약에 내가 이런 질문을 받는다면 뭐라고 대답할 수 있을까?

돌아보면 예전의 나는 목사가 될 생각이 전혀 없었다. 오히려 거절하며 도망쳤다. 그런데 지금 난 목회를 하고 있다. 어떻게 된 일일까?

내가 누구인지 알아야, 나를 보낸 존재가 있으며 그가 나를 보낸 이유가 있음도 알 수 있다. 나의 정체성을 확인시켜 주기 위해 이 말씀에 관심을 갖게 하셨다는 성령의 감동이 느껴진다. 세례 요한처럼 내게도 보여 주시는 것 같다. 그래서 이 말씀이 특별하게 다가오는가 보다.

성대 수술 이후, 나는 많이 낙심해 있었다. 회복이 늦어지는 것을 보면서, 열심히 치료해도 쉽게 낫지 않는 것을 보면서, 내가 가장 좋아하고 잘 한다고 생각하던 '찬양, 예배'를 더는 할 수 없게 되면 어쩌나 하는 두려움과 걱정 때문에 너무 힘들었다. 하나님을 기대하려고 노력했지만, 솔직히 힘들었다. 가장 잘 한다고 생각하는 것을 잃어버렸다는 절망감이 너무 크게 다가온다. '이제 내가 뭘 할 수 있을까. 나는 뭐하는 자인가. 나는 누구인가.'

하지만 오늘 세례 요한의 모습을 보면서, 내가 원하고 바라는 것이 아니라 하나님이 원하고 바라시는 것이 더 중요하다는 것을 새삼 느낀다. 내가 잘 할 수 있는 것이 아니라 나를 보내신 분이 무엇을 원하시는가에 집중해야 한다는 사실을 깨닫게 해주신다.

내가 바라봐야 할 것은 내 것이 아니라 나를 보내신 분, 나를 지금 이 자리에 세우신 분, 내가 해야 할 일과 그 일을 통해 무엇을 보게 될지 이미 아시는 오직 한 분, 하나님이시다.

"그렇습니다, 성령님. 저는 지금 재능을 잃어버렸다며 절망하고, 회복될 수 있을지 두려워하고, 회복되지 못하면 어떻게 하나 걱정하고 있습니다. 하지만 저를 보내시고 세우셔서 절대 하지 않겠다던 목회를 맡겨 주신 하나님, 이제야 비로소 제가 해야 할 것과 봐야 할 것을 기대할 수 있게 되었습니다."

나는 이제 하나님의 부르심과 그분이 주신 사역을 기대한다. 하나님이 내게 보여 주고 행하실 일을 소망한다.

이 마지막 때에 성도들이 하나님만 의지하도록 돕자.

그들이 말씀을 묵상하며 하나님의 음성을 듣고 그분을 알아 가도록 돕자.

그들이 하나님을 알게 되면 그들을 통해 하나님의 무조건적인 사랑이 흘러가게 될 것이다.

미전도 종족을 입양하여 선교하는 일, 이웃을 무조건적으로 사랑하여 복음을 전하는 일들이 자연스럽게 일어날 것이다. 하나님이 이것 때문에 나를 목회 현장에 보내셨음을 다시 확인할 수 있었다.

지금 이미 나를 통해 이런 일이 일어나고 있다. 나를 불러 세워 주신 하나님께 감사한다.

## ❋ 하나님이 주신 마음

주님이 말씀하신다. "보라. 내가 네게 보여 줄 것이며, 너는 보게 될 것이다. 너로 인해 사람들이 세워지며, 그들도 동일하게 나의 영광을 보고 내가 명하는 일을 감당하게 될 것이다. 그러니 염려하지 말라. 너는 내가 네게 하라고 명한 일에 순종하면 된다. 아들아, 너는 네가 뭔가를 해야 한다고 생각하고 있었다. 하지만 나는 네가, 내가 하는 일을 보기 원한다."

나는 이렇게 응답한다. "그렇습니다. 주님이 일하시는 것을 보고 싶습니다. 그것을 위해 제가 해야 할 일, 아버지께서 제게 하라고 하신 일에 집중하겠습니다. 저 자신에게 집착하지 않고 하나님이 저로 말미암아 행하실 놀라운 일을 기대하기로 결정합니다. 제 심령을 성령의 감동으로 충만하게 채우소서. 제 마음을 주님의 기쁨으로 채우소서. 제 삶을 주님을 향한 기대로 채우소서."

## ❋ 적용

1. **교회**
   - 종족입양 선교를 감당할 사람을 세워야겠다. 그 땅에 기독교 공동체 운동이 일어나게 될 것을 기대하고 기도하자.
   - 가정교회를 개척하겠다. 이 땅에 기독교 공동체 운동이 일어나게 될 것을 기대하고 기도하자.
   - 드림 세대의 비전을 감당할 사람을 세우는 일

2. **가족**
   - 아버지로서 다음 세대에게 비전을 나눠 주고, 그들의 세대가 하나님의 사람들로 서게 되기를 원하는 마음을 나눠야겠다. 코나에 있는 큰아들 은평에게는 메일을 보내고, 곧 출국하는 작은아들 은광에게는 이 말씀을 나누면서 기도해 줘야겠다.
   - 아직도 그리스도를 알지 못하는 친지에게 더 적극적으로 그리스도를 증거하겠다. 그냥 얼굴만 보고 돌아오는 것이 아니라 구체적으로 복음을 나누는 자리를 마련해야겠다.

## :: 묵상 모임을 인도하려면

정기적인 묵상 나눔 모임을 시작하려면 어떻게 해야 할까요?

모임 인원은 참석자들의 영적 수준을 고려해서 조정해야 하지만, 일반적으로 네다섯 명 정도를 한 그룹으로 묶는 것이 좋습니다. 또한 모든 참석자가 묵상 내용을 나누려면, 한 시간에서 한 시간 반 정도가 적당합니다.

그리고 인도자부터 묵상을 나누는 것이 좋습니다. 그날 하나님이 특별한 마음을 주셨거나 특별한 일이 있었던 사람이 먼저 나눌 수도 있지만, 어느 모임이든 인도자가 가장 열심히 준비해 오는 법이기 때문에 그가 가장 먼저 나누는 것이 자연스러울 것입니다. 또한 인도자의 나눔을 들으면서 다른 참석자들은 자신에게도 나눌 것이 있음을 발견하게 될 수 있습니다.

묵상을 나눌 때는 가급적 모든 이야기에 긍정적으로 공감해 주는 것이 좋습니다. 복음에 합당하지 않거나 이단 사상이 들어간 내용이 아닌 이상, 다음에 또 나누고 싶어 하도록 그 사람을 격려하고 인정해 주어야 합니다.

특히 인도자는 함부로 남의 묵상 내용을 판단하고 가르치려 하지 말아야 합니다. 인도자가 가르치려 하면 상대방은 다시는 묵상을 나누려 하지 않을 것입니다.

또한 모임 중에 나눈 내용은 절대로 모임 밖에서 발설하지 않도록 주의해야 합니다. 그렇지 않으면 다음부터는 누구든 자신의 이야기를 나누려 하지 않을 것입니다. 솔직하게 털어놓지 못하게 됩니다. 때로 깊은 죄를 고백할 수도 있기 때문에, 서로 나눈 것에 대해서는 비밀을 지켜 주어야 합니다. 공동체 안에서 나눈 이야기는 공동체 안에서 끝내야 합니다.

## :: 순종, 묵상에서 가장 중요한 것

마지막으로 당부하고 싶은 것이 있습니다. 말씀을 묵상할 때 "어떤 말씀이든 해주시옵소서. 저는 오직 순종하겠습니다"라는 마음으로 하기 바랍니다. 우리에게는 취사선택할 권한이 없습니다. 하나님 말씀에 무조건 순종하겠다는 마음은 필수입니다.

여러분이 성경을 통해 하나님의 성품과 마음을 알고, 깊이 있게 교제하게 되시기를 간절히 바랍니다. 이를 통해서 하나님과 동행하는 삶을 살아가시기 바랍니다. 가족과도 반드시 나눔을 하기 바랍니다. 묵상 나눔은 몸을 이루어 가는 비밀이기 때문입니다.

어디서든 전체가 모이면 전체가 말씀을 나누고, 조별로도 나누십시오. 그래서 하나님이 거하시는 아름다운 처소를 만들어 가는 우리가 되기를 바랍니다.

"**하나님**, 우리가 모두 하나님 말씀을 펼 때마다 편안함을 느끼게 해주시고, 성령께서 우리 눈을 열어 주심으로 주님 만나는 기쁨이 넘치도록 이끌어 주시옵소서. 그래서 우리 마음과 생각과 뜻을 나누는 아름다운 교제의 시간을 맺게 해주시옵소서. 그 시간에 주님 앞에 눈물 흘리기도 하고 춤을 추기도 하고 감사 찬송을 올려드리며, 주님과 아름다운 교제를 하게 해주시옵소서. 또한 강의를 듣든지 형제와 교제하든지 무엇을 하든 주님과 함께하는 삶을 살게 해주시고, 서로 나눔을 통해 하나님이 거하시는 아름다운 성전을 이루어 가는 놀라운 축복이 우리 안에 넘치게 해주시옵소서. 모든 것을 주님 말씀에 위탁하며, 성령님께 위탁합니다. 예수님 이름으로 기도드립니다. **아멘.**"

말씀 묵상을 통해 하나님과의 친밀감을 회복하면,
하나님의 음성을 듣고 분별할 수 있게 된다.
하나님의 음성을 듣는 것은 특별한 사람에게만 주어진 은사가 아니라,
모든 사람에게 주어진 자연스러운 삶의 모습이다.
말씀을 묵상하고 그 내용에 순종할 때,
우리는 그분을 아는 지식을 얻게 되고,
이를 통해 자신도 모르는 사이에 자연스럽게
하나님의 음성을 듣고 누리는 선물을 받게 된다.

# 3부 하나님의 음성을 듣는 비결

## 5장 하나님은 나에게 어떤 분이신가?

> 사무엘이 이르되 여호와께서 번제와 다른 제사를 그의 목소리를 청종하는 것을 좋아하심 같이 좋아하시겠나이까 순종이 제사보다 낫고 삼상 15:22

하나님과 저의 개인적인 관계에는 그 어떤 것도 끼어들 수 없습니다. 그래서 저는 늘 주님께 "주님, 사랑해요. 주님보다 더 귀한 분은 없습니다. 다른 어떤 은혜도 구하지 않겠습니다. 오직 주님만이 제 삶의 도움이 되십니다"라고 고백하며 예배했습니다.

그러던 어느 날 제 마음이 정말 힘들어지게 되었는데, 마음 깊은 곳에서 한 사람이 떠올랐습니다. 그 사랑하고 존경하는 사람을 생각하니, 큰 위안이 되었습니다. '아, 그가 있어서 얼마나 감사한가?' 그런데 그 순간 성령님이 아주 슬픈 음성으로 이렇게 말씀하시는 것이 아닙니까. "너는 정말 힘들 때 내가 아닌 저 형제를 찾는구나."

그 말씀은 제게 큰 충격이었지만, 그 사실을 인정하지 않을 수 없었습니다. 물론 저에게는 좋은 형제자매와 성도가 있고, 서로 큰 격려가 되며 위로가 되는 가족이 있습니다. 그러나 제가 가장 먼저 찾아야 할 분은 주님입니다. 주님은 제 마음의 중심에 계시기를 원하십니다.

하나님과 직접적인 관계를 맺어야 합니다. 다음 말씀을 보십시오.

> 사무엘이 사울에게 이르되…만군의 여호와께서 이같이 말씀하시기를…지금 가서 아말렉을 쳐서 그들의 모든 소유를 남기지 말고 진멸하되 남녀와 소아와 젖 먹는 아이와 우양과 낙타와 나귀를 죽이라 하셨나이다 하니
>
> 삼상 15:1-3

하나님은 사울에게 말씀하고 싶으셨습니다. 그런데 그 말씀을 사무엘에게 먼저 주셨고, 사무엘이 이를 사울에게 전달했습니다. 사무엘은 분명 뛰어난 선지자였습니다. 그러나 저는 그 때문에 사울이 하나님과 직접 관계를 맺지 못한 것 같아서 내심 안타깝습니다.

사무엘을 통해 하나님의 말씀을 전해들은 사울은 즉시 백성을 모아 아말렉 성에 이릅니다. 골짜기에 복병을 둔 그는 아말렉을 공격하여, 전쟁에서 승리합니다. 그런데 사울은 아말렉 왕 아각을 산 채로 사로잡았고, 양과 소를 죽이긴 죽이되 좋은 것은 남겨 놓았습니다. 좋지 않은 것만 진멸했습니다(4-9절).

그러자 하나님은 사울을 왕 삼은 것을 후회하셨습니다(11절). 그

밤에 하나님은 사무엘에게 나타나셔서 이 사실을 말씀하셨습니다. 이에 사무엘은 온 밤을 새우며 근심하여 부르짖으며 기도했습니다. 그리고 다음 날 사무엘은 사울을 찾아갔습니다. 그런데 사울은 사무엘을 만나자마자 "원하건대 당신은 여호와께 복을 받으소서 내가 여호와의 명령을 행하였나이다"(13절)라고 말했습니다.

사울은 자신이 하나님의 말씀을 준행했다고 생각했습니다. 그러자 사무엘은 들리는 양의 소리가 무엇이냐고 물었습니다. 사울은 "그것은 무리가 아말렉 사람에게서 끌어 온 것인데 백성이 당신의 하나님 여호와께 제사하려 하여 양들과 소들 중에서 가장 좋은 것을 남김이요 그 외의 것은 우리가 진멸하였나이다"(15절)라고 답했습니다. 즉, 자신이 아니라 백성이 양과 소를 남긴 것이며, 이는 하나님께 제사를 드리려고 좋은 것만 남겼다는 것이었습니다(20-21절). 이에 사무엘은 심히 분노합니다. 그리고 이렇게 선포합니다.

> 사무엘이 이르되 여호와께서 번제와 다른 제사를 그의 목소리를 청종하는 것을 좋아하심 같이 좋아하시겠나이까 순종이 제사보다 낫고 듣는 것이 숫양의 기름보다 나으니 이는 거역하는 것은 점치는 죄와 같고 완고한 것은 사신 우상에게 절하는 죄와 같음이라 왕이 여호와의 말씀을 버렸으므로 여호와께서도 왕을 버려 왕이 되지 못하게 하셨나이다 22-23절

사무엘은 사울의 불순종이 점치는 죄와 같고 우상에게 절하는 죄와 같다고 지적합니다. 이는 정말 무서운 말씀입니다.

사무엘은 하나님이 번제나 다른 제사보다는 그분께 순종하기를 더 좋아하신다는 사실을 잘 알았습니다. 이것이 바로 사무엘을 사무엘 되게 한 것이었습니다. 사무엘은 어려서부터 하나님의 음성을 들으며 자랐고, 이것이 얼마나 중요한지 알았습니다.

그러나 사울과 대부분 백성은 자신들의 그릇된 제사가 하나님을 향한 불순종임을 분별하지 못했습니다. 이것이 문제였습니다.

여기에서 우리는 "그의 목소리를 청종하는 것"이라는 구절에 주목할 필요가 있습니다. '하나님의 목소리'는 기록된 문자와는 구별된 것입니다. 그냥 하나님의 말씀이 아닙니다. 하나님은 우리가 그분의 목소리에 순종하는 것을 기뻐하십니다.

사울은 이스라엘의 왕이었습니다. 하나님의 기름부음을 받은 사람이었습니다. 그러나 그는 사무엘에게 의존하고 있었습니다. 사무엘 없이는 하나님의 뜻을 전달받을 수 없었습니다. 그는 정말 그랬습니다. 사무엘이 세상을 떠나자 사울은 자신의 일을 어떻게 처리해야 할지 알 수 없었습니다. 블레셋이 이스라엘과 전쟁을 벌이려고 군대를 모집했지만(삼상 28:1), 사울은 그 일을 어떻게 해야 할지 몰랐습니다. 참으로 안타까운 일입니다.

블레셋이 진을 치자, 그제야 사울은 하나님께 묻기 시작합니다. 그러나 하나님의 음성을 들을 수 없었습니다. 하나님과의 관계는 그렇게 해서 맺을 수 있는 게 아니기 때문입니다. 어쩔 수 없이 사울은 신접한 여인을 찾아가서, 죽은 사무엘을 불러 달라고 청합니다. 이제 사울은 죽은 사무엘을 의지합니다. 이것이 바로 사울의 문제였습니다.

사울은 하나님과 개인적인 관계를 형성하지 못했던 것입니다.

하나님은 번제와 다른 어떤 제사를 드리는 것보다도 그분 목소리에 순종하는 것을 더 기뻐하십니다. 그분 목소리에 거역하는 것은 점을 치고 우상에게 절하는 죄와 같습니다. 사무엘은 이것을 알았기에 언제나 하나님의 음성에 귀 기울이며 살았습니다.

우리 또한 하나님과 개인적인 관계를 형성해야 합니다.

## :: 하나님의 음성을 듣지 않으면

사울은 이스라엘의 왕이었습니다. 그러나 그는 참으로 안타까운 삶을 살았습니다. 역대상 10장을 보면, 사울의 안타까운 삶을 말해 주는 단어들이 있습니다.

> 블레셋 앞에서 도망하다가…엎드러지니라 1절

> 사울이…심히 다급하여 3절

4절에서 사울은 자기 군사에게 자신을 죽여 달라고 말합니다. 그러나 그들이 두려워하며 죽이지 못하자, 스스로 칼을 취해 엎드러져 죽었습니다. 하나님의 기름부음을 받은 왕이 그렇게도 무력하게 넘어져 버립니다. 그 이유에 대해 하나님은 이렇게 말씀하십니다.

> 사울이 죽은 것은 여호와께 범죄하였기 때문이라 그가 여호와의 말씀을 지키지 아니하고 또 신접한 자에게 가르치기를 청하고 여호와께 묻지 아니하였으므로 여호와께서 그를 죽이시고 그 나라를 이새의 아들 다윗에게 넘겨주셨더라 13-14절

여기에서 "여호와께 묻지 아니하였으므로"라는 말의 의미는 '하나님 음성에 귀 기울이지 않았다'라는 것입니다. 하나님께 묻지 않고 신접한 여인을 찾은 사울은 비참하게 삶을 마쳐야 했습니다. 정말 화가 나고 안타까운 점은 하나님이 주신 영적 권위가 무력해지는 것입니다. 이는 바로 저의 문제였습니다. 저는 사울의 모습을 통해, 제 영적 권위의 무력함은 제가 하나님 음성에 귀 기울이지 않았기 때문임을 깨닫게 되었습니다.

하나님의 사람이 하나님의 음성에 귀 기울이지 않을 때, 민족이 흑암 가운데 들어가게 됩니다. 그러나 그런 상황에도 희망은 있습니다. 하나님의 사람이 하나님의 음성에 다시 귀 기울이기 시작하면, 민족과 열방 가운데 빛이 비취기 시작합니다. 내 가정에 빛이 비취기 시작하는 때는 내가 하나님의 음성에 귀 기울이기 시작할 때입니다.

교회가 하나님의 음성에 귀 기울이지 않는다면 그 영향력을 상실할 수밖에 없습니다. 이를 회복하려면, 정말 하나님께 묻고 그분의 말씀에 귀 기울여야 합니다. 하나님 말씀을 소홀히 여길 때, 우리 삶의 영적 권위는 치명타를 입고 맙니다.

다니엘서는 그것에 대해서 매우 명백하게 밝힙니다. 다니엘이 어

려움 가운데서도 그렇게 꿋꿋이 신앙을 지킬 수 있었던 가장 중요한 이유는 하나님의 말씀을 잘 들었기 때문입니다.

하지만 성경에는 이와 정반대의 경우도 기록되어 있습니다.

> 솔로몬 왕이 바로의 딸 외에 이방의 많은 여인을 사랑하였으니 곧 모압과 암몬과 에돔과 시돈과 헷 여인이라 여호와께서 일찍이 이 여러 백성에 대하여 이스라엘 자손에게 말씀하시기를 너희는 그들과 서로 통혼하지 말며 그들도 너희와 서로 통혼하게 하지 말라 그들이 반드시 너희의 마음을 돌려 그들의 신들을 따르게 하리라 하셨으나 솔로몬이 그들을 사랑하였더라 왕은 후궁이 칠백 명이요 첩이 삼백 명이라 그의 여인들이 왕의 마음을 돌아서게 하였더라…솔로몬이 마음을 돌려 이스라엘의 하나님 여호와를 떠나므로 여호와께서 그에게 진노하시니라 여호와께서 일찍이 두 번이나 그에게 나타나시고 이 일에 대하여 명령하사 다른 신을 따르지 말라 하셨으나 그가 여호와의 명령을 지키지 않았으므로 여호와께서 솔로몬에게 말씀하시되 네게 이러한 일이 있었고 또 네가 내 언약과 내가 네게 명령한 법도를 지키지 아니하였으니 내가 반드시 이 나라를 네게서 빼앗아 네 신하에게 주리라 그러나 네 아버지 다윗을 위하여 네 세대에는 이 일을 행하지 아니하고 네 아들의 손에서 빼앗으려니와 오직 내가 이 나라를 다 빼앗지 아니하고 내 종 다윗과 내가 택한 예루살렘을 위하여 한 지파를 네 아들에게 주리라 하셨더라 왕상 11:1-3, 9-13

이 말씀은 솔로몬 개인의 삶뿐만 아니라 이스라엘 역사 가운데 비극이 시작되는 장이라고 할 수 있습니다. 솔로몬은 한때 아주 대단한 사람이었습니다. 하나님이 주신 지혜로 나라를 아름답게 다스린 왕이었습니다. 성전을 건축하여 하나님께 영광을 돌렸던 놀라운 왕이었습니다. 하지만 어느 순간 사울처럼 하나님의 음성에 귀 기울이지 않으면서, 자기 뜻과 욕심을 따르기 시작했습니다.

> 여호와께서 일찍이 이 여러 백성에 대하여 이스라엘 자손에게 말씀하시기를 너희는 그들과 서로 통혼하지 말며 그들도 너희와 서로 통혼하게 하지 말라 그들이 반드시 너희의 마음을 돌려 그들의 신들을 따르게 하리라 하셨으나 솔로몬이 그들을 사랑하였더라 2절

문제는 솔로몬이 여인들과 연애한 것이 아닙니다. 하지 말라고 한 것을 했기 때문에 그것이 문제라는 것입니다. 3절을 보면 "왕은 후궁이 칠백 명이요 첩이 삼백 명이라 그의 여인들이 왕의 마음을 돌아서게 하였더라"고 합니다. 그러다가 9절을 보면 "솔로몬이 마음을 돌려 이스라엘의 하나님 여호와를 떠나므로 여호와께서 그에게 진노하시니라"고 합니다.

하나님은 일찍이 두 번이나 그에게 나타나셔서 그 일에 대해 명확히 말씀하셨습니다. 그럼에도 솔로몬은 그 말씀에 순종하지 않았고, 다른 신들을 섬겼습니다. 솔로몬의 모습에서 볼 수 있듯, 하나님의 말씀을 듣느냐 듣지 않느냐는 우리 삶에 큰 영향을 미칩니다. 세상의 무엇을 얻음으로 힘을 갖게 될 수도 있겠지만, 그리스도인들의 영적 권

위는 오직 하나님의 말씀에 순종하는 것에 달려 있습니다.

## :: 더욱 친밀한 관계를 유지하려면

여러분은 하나님의 음성을 잘 들으며 사십니까? 하나님의 음성을 듣고 싶지만 잘 안 들려서 걱정하거나 고민하는 분은 없습니까? 우리는 우리 마음 가운데 있는 하나님의 음성을 듣지 못한다는 고정관념을 깨뜨려야 합니다.

만일 여러분이 하나님의 음성을 듣지 못했다면, 주님을 믿지 못했다는 것이나 다름없습니다. 로마서 10장을 보면 "믿음은 들음에서 나며"라고 했습니다. 우리 마음 가운데 '믿음이 없다'는 말은 '하나님의 음성을 듣지 못했다'는 것과 같고, '믿음이 있다'는 말은 '하나님의 음성을 들었다'는 말과 같은 것입니다. 즉, 주님의 말씀을 듣지 못하는 사람은 그분을 향한 믿음도 가질 수 없습니다.

분명히 우리는 하나님의 음성을 들으며 사는 사람입니다. 하나님을 믿으며 살아가고 있음이 그것을 증명합니다. 하나님을 믿는 그리스도인들은 하나님의 음성에 귀 기울이며 살아가고 있는 것입니다.

그런데 우리는 왜 하나님의 음성을 들으며 살려고 몸부림칠까요? 어떤 신비한 일들을 경험하기 위해서 입니까? 나 자신의 미래나 다른 사람들의 미래를 알아보기 위해서 입니까? 그렇지 않습니다. 그것은 하나님을 존중하는 가장 실제적인 일이기 때문입니다. 우리는 자신이 귀하게 여기는 사람의 말에 귀 기울입니다. 하나님을 존중하는 일도 마찬가지입니다. 그 일은 하나님의 음성에 귀 기울이는 것에서 시작됩니다. 그럴 때 우리는 하나님과 친밀한 관계를 맺게 됩니다.

요한복음 20장을 보면, 이 복음을 기록한 목적은 예수님이 누구이신지 믿고 그 믿음으로 말미암아 영생을 얻기 위함이라고 나옵니다. 요한복음 1-3장에는 예수님을 믿는 사람들에게 일어날 놀라운 일들이 기록되어 있습니다. 믿는 자에게는 하나님의 자녀가 되는 권세와 영생이 주어진다고 합니다. 그리고 4장에 드디어 믿는 사람들이 나오는데, 그중 수가성 여인이 등장합니다.

> 여자의 말이 내가 행한 모든 것을 그가 내게 말하였다 증언하므로 그 동네 중에 많은 사마리아인이 예수를 믿는지라 사마리아인들이 예수께 와서 자기들과 함께 유하시기를 청하니 거기서 이틀을 유하시매 예수의 말씀으로 말미암아 믿는 자가 더욱 많아 그 여자에게 말하되 이제 우리가 믿는 것은 네 말로 인함이 아니니 이는 우리가 친히 듣고 그가 참으로 세상의 구주신 줄 앎이라 하였더라 요 4:39-42

이 여인 한 사람을 통해 모든 사마리아인이 예수님을 믿게 되는, 정말 엄청난 일이 벌어집니다. 여러분 한 사람을 통해서도 한 종족이 바뀔 수 있습니다. 한 사람이 얼마나 중요한지 모릅니다.

여인이 전하는 말을 듣고 예수님을 믿게 된 사마리아인들은 가만히 있을 수 없었습니다. 그들은 예수님께 자기들과 함께 머물러 달라고 청했습니다. 그들은 예수님과 함께 있고 싶었습니다. 이에 예수님은 이틀 동안 그곳에 머무시면서, 그들과 말씀을 나누셨습니다.
그러자 그들에게 놀라운 변화가 일어났습니다.

그 여자에게 말하되 이제 우리가 믿는 것은 네 말로 인함이 아니니 이는 우리가 친히 듣고 그가 참으로 세상의 구주신 줄 앎이라 하였더라 42절

참으로 놀라운 일입니다. 예수님의 말씀을 간접적으로 전해 듣는 것이 아니라 직접 만나서 듣게 된 그들은 이제 예수님과 더욱 친밀한 관계를 형성하게 되었습니다. 더 깊은 관계, 확실한 관계를 형성한 것입니다.

39절과 42절 말씀을 한번 비교해 보십시오. 여자의 말을 듣고 믿는 것과 예수님의 말씀을 직접 듣고 믿는 것은 서로 다릅니다. 예수님을 믿는다는 사실은 동일하지만, 믿음의 질이 다릅니다.

## ::주께 받은 기름부음

너희는 주께 받은바 기름부음이 너희 안에 거하나니 아무도 너희를 가르칠 필요가 없고 오직 그의 기름부음이 모든 것을 너희에게 가르치며 또 참되고 거짓이 없으니 너희를 가르치신 그대로 주 안에 거하라 요일 2:27

여기서 "주께 받은바 기름부음"이란 성령님입니다. 성령님이 우리 안에 계시다는 것입니다. 여러분 안에도 성령님이 계십니까? 그렇습

니다. 우리 안에는 분명 성령님이 계십니다. 성령님을 통해서가 아니면 우리는 예수님을 구주라고 시인할 수 없습니다. 우리 안에 믿음이 있다는 것은 성령님의 기름부음이 우리 안에 있다는 것입니다. 여러분은 이미 성령님의 기름부음을 받은 사람입니다. 믿으십니까?

우리는 기름부음을 받았습니다. 그 기름부음이 활화산처럼 타올라서, 어떠한 것이든 소화시켜 버릴 수 있는 강한 바람으로 일어나게 되기를 소망합니다. 그래서 그 기름부음이 온 지체에게로 퍼져 가기를 소망합니다. 인천에 처음 들어온 복음이 전국으로 퍼져 나간 것처럼, 성령님의 기름부음이 우리 삶의 어느 한 영역에서 삶 전체로 퍼져 나가게 되기를 소망합니다.

우리는 주님께 받은 기름부음이 우리 안에 있음을 반드시 믿어야 하지만, 대부분 사람이 잘 믿지 않습니다. 그러나 우리가 예수님을 그리스도라고 시인한다면, 이것은 성령님이 역사하신 증거입니다. 성령님의 가르치심이 이미 우리 안에 있는 것입니다.

우리 모두 전심을 다해 성령님의 말씀을 들어야 합니다. 사람의 말을 듣더라도, 그것을 통해 성령님이 가르치시는 바를 깨달아 그 믿음으로 살아가야 합니다.

## :: 내가 떠나는 것이 너희에게 유익이라

제자들을 부르신 예수님은 그들을 양육하셨습니다. 그러고는 이제 그들을 떠나려 하십니다. 그러면서 "내가 떠나가는 것이 너희에게 유익이라"(요 16:7)고 말씀하셨습니다. 이는 무슨 뜻입니까? 이는 그냥 떠나시겠다는 말씀이 아닙니다. 보혜사를 보내시겠다는 말씀입니다. 이제 눈에 보이는 예수님을 따라 살 것이 아니라, 보이지 않는 성령님의 인도하심과 가르치심에 따르는 삶을 살아야 한다고 말씀하신 것입니다. 그것이 그들에게 유익하다는 말씀입니다.

만약 예수님이 계속 세상에 계셨다면 어땠을까요? 제자들은 하나님께 직접적으로 나아가지 않아도 되었을 것입니다. 늘 그래왔듯 예수님을 통해 간접적으로 나가면 되었습니다. 물론 예수님은 하나님이 셨지만, 그 방법은 참된 하나님을 만나는 것이 아니었습니다. 예수님은 눈에 보이는 하나님이셨으므로, 그들은 이제 눈에 보이지 않는 하나님을 직접적으로 만나야 했습니다. 그 하나님과 동행하며 사는 것을 배워야 했습니다.

> 그러나 진리의 성령이 오시면 그가 너희를 모든 진리 가운데로 인도하시리니 그가 스스로 말하지 않고 오직 들은 것을 말하며 장래 일을 너희에게 알리시리라 요 16:13

"진리의 성령이 오시면 그가 너희를 모든 진리 가운데로 인도하시리니"라는 말씀은 하나님이 친히 우리에게 말씀하시며 인도하신다는 것과 같은 맥락입니다. 제가 이 부분을 강조하는 이유는, 주님이 친히 가르쳐 주시는 것을 듣고 싶은 소망을 품어 왔는데 성령님이 내 삶에서 그 가르침을 주신다는 사실들을 깨닫게 되었기 때문입니다.

## :: 목자와 양

> 내 양은 내 음성을 들으며 나는 그들을 알며 그들은 나를 따르느니라 요 10:27

여기서 양이 음성을 듣는다는 것은 단순히 귀로 소리를 듣는다는 뜻이 아닙니다. 물론 그런 뜻도 있을 수 있지만, 무엇보다 중요한 것은 순종하며 따른다는 뜻입니다. 양은 시력이 나쁜 동물이라서 목자의 음성을 듣고 따른다고 하는데, 자기 목자와 다른 사람의 음성을 놀랍게도 잘 분별한다고 합니다.

여기서부터 우리 문제를 풀어나가기 시작해야 합니다. 양은 목자의 음성을 듣고 쫓아갑니다. 하물며 하나님의 형상으로 지은바 된 우리야말로, 그분의 음성을 들으며 따라가는 게 마땅하지 않을까요? 즉, 하나님의 음성을 듣는 삶은 우리가 아주 자연스럽게 할 수 있는 일입니다. 특별한 은사가 있는 사람만이 아니라, 그리스도인이라면 누구나 삶의 가장 기본으로서 하나님의 음성을 들을 수 있어야 합니다.

목자가 이웃 마을의 한 목자를 만나 정답게 이야기를 나눴습니다. 그동안 양들은 풀을 뜯어먹으며 들판에서 자유로이 놉니다. 해 질 무렵이 되자, 목자들은 각자 자기 양들을 부릅니다. 재미있는 것은 양 한 마리마다 이름을 지어 놓고, 그 이름을 부른다는 것입니다. 그때 양들은 자기 이름에 반응해서 움직일까요? 그렇지 않습니다. 목자의 음색에 따라 반응하게 됩니다. 자기 목자의 음색을 분별해 내어 따라가는 것입니다.

그렇다면 대체 양은 어떻게 자기 목자의 음색을 구별해 낸 것일까요? 바로 항상 목자와 같이 살았기 때문입니다. 그 음성에 매우 익숙해진 것입니다. 하나님의 음성을 듣는 비결도 이와 같습니다. 늘 주님과 동행하면 누구나 그분의 음성을 들을 수 있습니다.

그런데 우리는 평소에는 각기 제 길만 가다가, 어려운 때에만 하나님의 음성을 구합니다. 그러면서 주님이 기도에 응답해 주지 않으신다고 불평합니다. 이는 잘못된 생각입니다. 어떤 상황에서든 주님은 우리 기도에 응답해 주십니다. 그러나 우리가 주님과 친밀하지 못하기 때문에, 주님의 음성을 잘 알아듣지 못하는 것입니다. 주님의 음성을 듣더라도 이를 거부하며, 자기 뜻을 주님께 관철하려고만 듭니다. 자기 고집 때문에, 그분의 말씀을 잘 듣지 못하는 것입니다.

:: 인격적으로 기다리라

우리는 처음에는 조그만 문제를 가지고도 눈물을 펑펑 쏟으며 주님의 은혜에 감사합니다. 그러다 점점 시간이 지나면, 예수님이 십자가를 지고 골고다 언덕을 오르시는 장면이 나오는 말씀을 읽어도 마음이 전혀 움직이지 않습니다.

여러분, 주님을 오래 기다리며 사모해 보셨습니까? 주님을 기다리며 사모하는 부분에 있어서도 우리는 인격적이지 못합니다. 성경을 펴서 읽을 때, 피곤하지 않은데도 몹시 졸릴 때가 있습니다. 그것은 우리가 하나님을 인격적으로 기다리지 못하기 때문입니다. 하나님을 인격적으로 기다린다는 것은 하나님의 임재하심 가운데로 나아가는 것입니다. 그러나 우리는 잘 기다리지 못합니다.

제 아내가 훈련받을 때의 일입니다. 훈련은 저녁 10시면 끝났습니다. 훈련 장소에서 저희 집까지는 약 20분 정도가 걸렸습니다. 그런데 어느 날, 11시가 다 되어 가는데도 아내가 오지 않았습니다. 저는 아내에게 무슨 일이 생긴 건 아닌지 걱정이 되고 초조해졌습니다. 가족을 기다려 본 사람이라면 제 심정을 이해할 것입니다. 특히 사랑하는 사람을 기다리는 심정은 더욱 그렇습니다.

이윽고 시계는 12시를 가리켰습니다. 막차 시간까지 기다려 보았지만, 아내는 오지 않았습니다. 전화도 없었습니다. 12시 30분이 넘자, 점점 불안한 생각이 들기 시작했습니다. '혹시 사고가 생긴 것은 아닐까?' 점점 시간이 흘러, 저는 불안감을 넘어 화가 나기 시작했습니다. 저는 지쳐 갔습니다. 그런데 잠은 전혀 오지 않았습니다. 그래서 기도를 하려고 하는데, 기도가 잘 되지 않았습니다. 그때 하나님이 말씀하셨습니다. 그때까지 저를 기다리고 계셨던 것입니다.

"너 지금 아내를 기다리고 있니?"

"네."

"졸리니?"

"아니요. 전혀 잠을 잘 수가 없어요."

"그래? 그런데 나를 기다릴 때는 어떻게 그렇게 잘 자는 거니?"

저는 너무 놀랐습니다. 그리고 부끄러웠습니다. 그 순간 제 영의 본모습이 드러났습니다.

'주님을 기다릴 때는 왜 졸린 것일까? 그것은 바로 주님을 사모하지 않았기 때문이었구나. 주님이 지금 내게 오지 않으시면 어떤 특별한 일이 벌어진 게 틀림없는데, 나는 태평하게 앉아 있었구나. 졸면서 주님을 기다린다는 것은 주님의 임재하심에 대한 기대감이 없었기 때문이구나.'

저는 놀랐습니다. 그리고 깊이 회개했습니다.

그전에 저는 의지적으로 아무런 일도 하지 않고 그냥 기도실에서 4시간 동안 주님을 기다리기로 한 적이 있었습니다. 그런데 그 시간이 어찌나 긴지, 30분쯤 지나니까 너무 힘들었습니다. 주님을 기다리기가 무척 힘들다고 생각했습니다. 한두 번 하고 만 것이 아니라 일주일 중에서 며칠을 정해 놓고 계속해 봤는데, 그 훈련을 하는 게 정말 어려웠습니다.

결국 하나님은 제가 아내를 기다리는 것을 통해 저를 가르치셨습니다. 아내를 기다릴 때는 잠이 안 오는데, 하나님을 기다릴 때에는 마냥 잠이 쏟아집니다. 하나님을 사모함으로 기다리지 못하기 때문이었습니다. 하나님이 오시면 좋겠지만 안 오시면 할 수 없다고 생각한 것입니다. 그저 오늘 못 만나면 내일, 내일도 못 만나면 내일모레에 만나면 된다는 생각을 갖고 산 것입니다. 그러나 하나님은 언제나 우리와의 만남을 기다리시는 분입니다. "제가 이 시간에 하나님을 기다리겠습니다" 하고 약속하면, 그 전에 먼저 와 계시는 분입니다.

하나님은 늘 "내게로 나오면 언제든지 너를 만나 주겠다. 나와 더불어 변론하자"라고 말씀하십니다. 그런데 문제는 그 자리에 나갔음에도, 내 마음이 인격적이지 못해서 그분을 만나지 못한다는 사실입니다. 하나님을 기다리는데 하나님을 만나지 못했다면, 이것이야말로 사건 중의 사건이 아니겠습니까? 아내가 오지 않는 것보다 더 엄청난 사건입니다.

우리는 하나님을 인격적으로 기다려야 합니다. 마치 사랑하는 사람을 기다리듯 해야 합니다. 사랑하는 사람을 기다리는데 아무리 시간이 흘러도 오지 않는다면, 그 사람에게 무슨 일이 생긴 것은 아닌지 걱정하며 긴장하는 것과 같은 마음이어야 합니다. 우리는 그렇게 하나님을 기다려야 합니다.

## :: 괴로웠던 중보기도 시간

요한복음 10장뿐만 아니라 성경에 기록된 모든 말씀을 살펴보면, 하나님은 말씀하시고 우리는 그 음성을 들으며 살도록 되어 있습니다. 따라서 우리가 하나님의 음성을 듣는 것은 당연한 일입니다.

제가 하나님의 음성 듣기에 대해 길게 설명하는 이유는 교회의 많은 분이 이를 이상한 일로 여기기 때문입니다. 음성 듣기에 대한 오해를 풀기 위해, 이 부분에 대해 좀 더 나누어 보겠습니다.

저 역시 한때 이 문제로 심각하게 고민한 적이 있었습니다. 중보기도를 하면서 하나님의 음성을 듣고 기도하자고 했는데, 다른 사람들과 달리 저는 당최 아무것도 알 수 없었습니다. 목사로서 하나님의 음성을 듣지 못하니까 너무 창피해서, 중보기도 시간만 되면 쥐구멍으로 들어가고 싶은 심정이었습니다. 그 이전까지 제 신앙생활에 대해 회의를 품기도 했습니다. 하나님 음성 듣는 삶에 대해 얼마나 많이 씨름했는지 모릅니다.

그러던 중에 하나님이 제 삶에서 하나씩 가르쳐 주신 것이 있습니다. 하나님은 계속해서 "내게 나와 들으라"고 말씀하셨습니다.

다음을 함께 읽어 봅시다. 하나님이 뭐라고 말씀하고 계십니까?

> 너희가 어찌하여 양식이 아닌 것을 위하여 은을 달아 주며 배부르게 하지 못할 것을 위하여 수고하느냐 내게 듣고 들을지어다 그리하면 너희가 좋은 것을 먹을 것이며 너희 자신들이 기름진 것으로 즐거움을 얻으리라 너희는 귀를 기울이고 내게로 나아와 들으라 그리하면 너희의 영혼이 살리라 내가 너희를 위하여 영원한 언약을 맺으리니 곧 다윗에게 허락한 확실한 은혜이니라 사 55:2-3

2절의 "내게 듣고 들을지어다"라는 말씀은 주의해서 들으라는 뜻입니다. 3절의 "귀를 기울이고 내게로 나아와 들으라"는 말씀은 하나님이 친히 말씀하시겠다는 것입니다. 이때 우리는 하나님이 인격적인 분이라는 사실을 기억해야 합니다. 하나님 음성을 듣는 것은 책을 읽으며 그 안에 담긴 교훈을 발견하는 일이 아니라, 하나님과 인격적으로 교제하는 일입니다. 즉, 혼자 깨닫고 혼자 진리를 발견하는 것이 아니라, 하나님과 인격적인 교제의 시간을 갖는 것입니다. 하나님 앞으로 나와 청종하라는 말씀은 인격적인 관계를 맺자고 요구하시는 것입니다. 그 말씀을 들으면 우리 영혼이 살게 됩니다.

우리 힘으로는 삶의 문제를 해결할 수 없습니다. 어떤 사람들은 자녀 문제로 무척 고민합니다. 자녀를 변화시켜 보려고 온갖 방법을 다 동원해 보지만, 뜻대로 잘되지 않습니다. 그러면 형사처럼 자녀의 뒷조사를 해보기도 하고, 때로는 무서운 폭군이 되어 보기도 하고, 때로는 자선 사업가처럼 물질 공세를 퍼붓습니다. 그러나 사람의 성격을 우리 힘으로 변화시킬 수는 없습니다.

우리 영혼은 매로 다스리거나 교훈을 가르친다고 해서 바뀌지 않습니다. 다른 사람은 물론 나 혼자만의 힘으로도 쉽지 않습니다. '내가 이것을 하면 안 되겠구나'라는 것을 알면 어느 정도 절제할 수는 있지만, 한번 습관이 된 행동은 잘 고쳐지지 않습니다.

그러나 주님이 친히 말씀하시면, 그 습관을 바꿀 수 있습니다. 그래서 하나님의 말씀을 들어야 한다고 강조하는 것입니다.

## :: 혼돈을 품으신 하나님

혹시 아주 골치 아픈 문제로 씨름하시는 분이 있습니까? 절대 걱정하지 마십시오. 어느 날 주님이 오셔서 그 문제에 대해 한마디만 해주시면 해결됩니다. 주님 말씀은 능력이 있고, 영혼을 살리는 힘이 있습니다. 이로 말미암아 우리는 그분의 음성을 듣고 싶은 소망을 더욱 품게 됩니다.

너희는 귀를 기울이고 내게로 나아와 들으라 그리하면 너희의 영혼이 살리라 내가 너희를 위하여 영원한 언약을 맺으리니 곧 다윗에게 허락한 확실한 은혜이니라 사 55:3

말씀을 묵상하다가, 제 삶이 완전히 바뀌게 된 적이 있습니다. 제가 부교역자였을 때, 교회에서 아주 힘든 일을 겪게 되었습니다. 모든 것을 다 포기하고 싶었습니다. 교회를 떠나고 싶었습니다. 아주 심각하게 고민하던 저는 "하나님, 저를 다른 교회로 옮겨 주세요"라고 기도하기 시작했습니다. 성도들은 교회의 혼란 속에서 어려움을 겪는데, 부교역자인 저는 교회를 옮기고 싶어 했던 것입니다.

그때 저는 창세기를 묵상하고 있었습니다.

태초에 하나님이 천지를 창조하시니라 땅이 혼돈하고 공허하며 흑암이 깊음 위에 있고 하나님의 영은 수면 위에 운행하시니라 하나님이 이르시되 빛이 있으라 하시니 빛이 있었고…

마음에 와 닿는 구절이 없어서 창세기를 몇 번 계속 읽었습니다. 그런데 하나님이 2절을 주목해서 보라는 마음을 주셨습니다. 그러자 하나님은 그분이 어떤 분이신지 말씀하기 시작하셨습니다.

땅이 혼돈하고 공허하며 흑암이 깊음 위에 있고 하나님의 영은 수면 위에 운행하시니라 성령님은 저의 눈을 열어 '하나님의 영'이라는 부분에 주목하게 하셨습니다. 그러자 이상한 일이 벌어졌습니다. 땅이 혼돈하고 공허하며 흑암이 깊음 위에 있는 중에 수면 위를 운행하시는 하나님의 모습이 보이기 시작한 것입니다.

그 모습을 자세히 알고 싶었던 저는 오래도록 그 말씀을 묵상했습니다. 저는 '운행하신다'는 것은 '품에 품으신다'는 것임을 깨닫게 되었습니다. 놀라운 일이었습니다. 하나님의 영이 혼돈을 품고 계셨습니다. 공허를 품고 계셨습니다. 흑암을 품고 계셨습니다. '혼돈'이란 '무질서'입니다.

여러분, 혼돈스럽거나 무질서한 사람과 같이 산다면 어떨까요? 방 안 여기저기 옷이 아무렇게나 널려 있고 물건들을 어지럽게 늘어놓은 광경을 보면 어떤 생각이 들까요? 이런 식으로 방을 어지러뜨린 채 외출해 버린 자녀의 방에 들어간 부모의 마음이 어떨까요? 화가 나지 않을까요?

제가 섬기고 있던 교회가 이처럼 혼돈 그 자체였습니다. 저는 도망치고 싶었습니다. 땅이 '공허'했습니다. 텅 비어 있었습니다.

여러분, 열심히 노력하고 물을 주고 거름을 주었는데도 아무런 열매를 맺지 못하는 나무가 있다면 어떻게 하시겠습니까? 공허한 땅이라는 의미는 아무리 수고해도 그 어떤 소산물도 나지 않는다는 것입니다. 제가 섬기고 있던 교회 역시 이렇게 공허했습니다. 아무리 수고하고 노력해도 대가가 나타나지 않았고, 열매는커녕 말할 수 없는 갈등만 가득했습니다.

그러나 하나님의 영은 그 텅 빈 땅을 품에 안고 계셨습니다. 하나님의 영은 결코 그 땅을 떠나지 않으셨습니다.

흑암이 깊음 위에 있고…

교회는 그야말로 사면이 꽉 막힌 상태였습니다. 완전히 어둠으로 싸여 있던 나머지 갈 바를 전혀 알지 못하는 상태였습니다. 흑암으로 가득했습니다. 저는 그런 교회를 떠나고 싶었습니다. 그런데 하나님의 신은 그 땅을 품에 안고서 운행하고 계셨습니다.

"하나님의 영은 수면 위에 운행하시니라"는 말씀을 통해 저는 혼돈과 공허와 흑암이 깊음 위에 있는 땅을 품에 품고 계시는 주님의 모습을 보게 되었습니다. 혼돈을 피하려고만 했던 저의 모습과는 아주 다른 주님의 모습을 보게 되었습니다. 가슴이 뭉클해졌습니다.

만약 창세기 구절이 "땅이 혼돈하며 공허하고 흑암이 깊음 위에 있어서 하나님의 영은 땅을 완전히 버리고 떠나시니라"고 되어 있었다면, 저는 아무런 고민을 하지 않았을 것입니다. 그러면 저도 당당히 교회를 버리고 떠났을 겁니다. 그러나 하나님은 그런 분이 아니셨습니다. "하나님의 영은 수면 위에 운행하시니라."

상황이 얼마나 힘들었던지, 하나님의 영이 교회를 떠나 버리셨을 거라고 생각할 정도였는데, 그 혼돈 속에서도 주님이 계신다는 사실을 알게 되었습니다. 이 진리를 제게 보여 주시면서 하나님은 제게 이렇게 물으셨습니다. "너는 어떻게 하기 원하니?"

저는 주님께 대답했습니다. "주님이 계시는 곳에 머물겠습니다."

## :: 마침표를 찍으시는 하나님

저는 3절을 읽으면서 또 한 번 충격을 받았습니다.

> 하나님이 이르시되 빛이 있으라 하시니 빛이 있었고

이 말씀은 제게 큰 깨달음을 주었습니다. '아하, 하나님이 말씀하시면 혼돈이 끝나는구나.' 하나님이 딱 한마디를 하시는 즉시, 혼돈과 공허와 흑암에 마침표가 찍힌다는 사실을 깨달았습니다. 정말 놀라웠습니다. "오, 주님 말씀해 주시옵소서. 주님이 한마디만 하시면, 혼돈과 공허, 흑암이 끝납니다. 저도 그냥 품에 안고 있겠습니다. 주님이 말씀하시옵소서."

제가 해야 할 일은 그냥 품에 안고 있는 것이고, 그 모든 것에 주님이 마침표를 찍어 주신다는 사실을 깨달았습니다. 아무리 깜깜하던 흑암도 하나님의 말씀 하나면 완전히 물러나게 됩니다. 이 사실을 믿으십니까? 하나님 말씀에는 정말 놀라운 능력이 있습니다.

그 후 저는 혼돈 가운데 있는 사람을 보거나 제게 심각한 문제가 일어나면, 늘 주님 앞으로 나아가 이렇게 고백합니다. "하나님, 말씀만 하옵소서. 저는 아무것도 할 것이 없습니다. 그냥 품에 안고 있을 뿐입니다. 주님이 말씀하시면, 그 말씀이 이 모든 혼돈에 마침표를 찍어 줄 것을 믿습니다."

이러한 일들이 지금까지의 제 삶에 엄청나게 많이 일어났습니다. 하나님의 말씀이 우리 영혼과 가정, 우리 삶 가운데 임하면 모든 혼돈과 공허, 흑암이 끝나게 됩니다. 창세기 1장 3절 말씀에서 빛이 임한 후에, 땅은 질서가 잡히며 생명을 내고 열매 맺기 시작했습니다.

이제 하나님이 우리 가운데 말씀하시는 것에 관심을 가집시다. 거기에 우리의 삶이 있습니다.

:: 하나님과 친밀한가?

> 그 일 후에 하나님이 아브라함을 시험하시려고 그를 부르시되 아브라함아 하시니 그가 이르되 내가 여기 있나이다 여호와께서 가라사대 네 아들 네 사랑하는 독자 이삭을 데리고 모리아 땅으로 가서 내가 네게 일러 준 한 산 거기서 그를 번제로 드리라 창 22:1-2

이 말씀을 중심으로 '하나님의 음성을 듣는 법'에 대해 좀 더 상세하게 살펴보려고 합니다. 창세기 22장은 우리가 잘 아는 말씀입니다. 아브라함의 나이가 거의 120세 이상 되었고 이삭도 꽤 자랐을 무렵, 하나님이 아브라함을 부르셨습니다.

이 말씀을 묵상할 때면 저는 늘 아브라함이 부럽습니다. 하나님이 "아브라함아"라고 하시니, 그가 "예, 제가 여기 있습니다"라면서 대화를 나누는 모습이 정말 부럽습니다. 이 모습이 얼마나 아름다운지, 제게 큰 도전이 됩니다. 저도 그렇게 될 수 있기를 소망합니다.

"승동아!"

"네, 주님! 제가 여기 있습니다."

하나님 음성을 듣는 것은 결국 하나님과의 친밀감에서 나옵니다. 아무리 말을 해도 대화가 잘 안 되는 사람이 있습니다. 늘 같이 살고 날마다 이야기를 하는데도, 벽에 대고 말하는 것 같은 기분이 들게 하는 사람이 있습니다. 이처럼 친밀한 관계를 형성하지 못했다는 것은 마음을 열지 못했다는 뜻이기도 합니다.

아브라함을 부르신 하나님은 깜짝 놀랄 이야기를 하셨습니다. 하나님이 "아브라함아, 네 사랑하는 독자 이삭이 정말 예쁘지?"라고 하셨다면, 그래서 아브라함이 "예, 사랑하는 이삭이를 제가 얼마나 예뻐하는지 모릅니다"라고 대답했다면 얼마나 좋았을까요. 그러나 하나님은 난데없이 이렇게 말씀하셨습니다. "네 사랑하는 독자 이삭을 데리고 모리아 땅으로 가서…." 그래도 여기까지는 아직 기대가 됩니다. '모리아로? 이삭이랑 등산을 하라고 하시려는 건가?'

다음 구절을 천천히 읽어 봅시다. "…땅으로 가서 네게 일러 준 한 산 거기서 그를…."

그다음 말씀을 듣자마자 아브라함은 까무러치지 않았을까 싶습니다. 하나님은 아브라함에게 "그(아들)를 번제로 드리라"고 말씀하셨습니다. 자녀를 둔 부모라면 이 부분에서 아브라함의 심정을 실감할 수 있을 것입니다. 저는 이 부분에서 갈등을 정말 많이 했습니다. '아직 아이들이 어린데, 하나님이 이 아이들을 바치라고 하시면 어떻게 하나?' 하면서 걱정을 가불해 본 적이 있습니다.

작은아이가 방글라데시로 전도여행을 갔을 때, 저는 이상한 생각에 사로잡혔습니다. '혹시 이 녀석이 방글라데시 선교사로 살겠다고 작정하고 돌아오면 어쩌지?' 저는 이런 생각만으로도 불안해했는데, 아브라함은 어땠을까요?

하나님이 아브라함에게 요구하신 것은 이삭을 선교사로 바치는 것 이상이었습니다. 목사로 바치라는 것 이상이었습니다. 하나님은 사랑하는 독자 이삭을 번제로 바치라고 하셨습니다. 어떤 특별한 이유가 있던 것은 아니지만, 바칠 것을 요구하셨습니다. 그냥 바치라는 것입니다. 번제란 단 위에 올라갔다 내려오는 것이 아닙니다. 손발을 다 잘라 각을 뜬 뒤 가죽을 벗겨 불태워서 하나님께 드리는 것입니다. "아브라함아, 네 사랑하는 독자 이삭을 내게 번제로 드리라." 하나님은 아브라함에게 이렇게 말씀하셨습니다.

:: 상식을 초월하는 하나님의 요구

하나님이 여러분에게 이렇게 말씀하신다면, 즉각 어떻게 반응하시겠습니까?

이 질문에 "하나님의 말씀이라면 순종해야죠"라고 답하는, 믿음이 좋으신 분들이 있습니다. 그러면 저는 이런 분께 "그 말씀이 하나님의 말씀인 줄 어떻게 알 수 있을까요? 하나님이 정말 그렇게 말씀하신다는 확신이 들 거라고 생각하십니까?"라고 묻습니다. 그러면 대개 "그런데 하나님이 그렇게 말씀하실 것 같지는 않습니다"라고 말합니다.

이것이 문제입니다. 하나님 말씀이라면 순종하겠는데, 그것이 하나님의 말씀인지 어떻게 아느냐는 것입니다.

여러분이 아브라함의 입장에서 이 말씀에 응답한다면, 어떻게 하시겠습니까? 이렇게 하진 않을까요? "사탄아! 물러가라." 그러고는 곧바로 "틀림없이 이것은 하나님의 음성이 아니야! 교리적으로 맞지 않아"라면서 거부하지 않을까요?

아브라함은 충분히 그 말씀을 거부할 수 있습니다. 아브라함은 이삭을 그의 수고나 노력으로 얻은 게 아니었기 때문입니다. 이삭은 하나님이 주시겠다고 약속한 아들이었습니다. 그 약속을 믿음으로 마침내 얻은 아들이었습니다. 사실 아브라함은 이스마엘로도 만족했습니다. 그러나 하나님은 이스마엘이 아니라 '이삭'이 바로 약속된 아들이라고 말씀하셨습니다. 그래서 아브라함은 그의 후손이 하늘의 별처럼, 바다의 모래처럼 많아질 것이라는 약속이 이삭을 통해 이루어질 것이라 믿었습니다. 그리고 그 약속의 성취를 기대하고 있었습니다.

그런데 하나님이 그런 이삭을 번제로 드리라고 말씀하셨습니다. 아브라함에게는 이 말씀을 거부할 만한 이유가 충분했습니다. "사탄아 물러가라. 너는 이 이삭이 하나님께서 약속하신 아들임을 알지 못하느냐? 이삭을 통해 우리 후손이 하늘의 별처럼, 바다의 모래처럼 많아질 것이다!"라면서 그 말씀을 물리치기에 충분한 상황이었습니다.

또한 하나님의 이러한 명령은 교리를 초월하는 것이었습니다. 당시에 사람을 번제로 드리는 것은 이방신을 섬기는 종교에서나 가능한 일이었습니다. 하나님께는 없는 일이었습니다. 또한 (이후에 확증된 사실이지만) 사람을 번제로 드리는 일은 하나님이 금하시는 일이었습니다. 더구나 이 일은 하나님의 성품과도 맞지 않은 일입니다.

만약 이렇게 하나님이 우리의 경험과 지식, 교리에 맞지 않는 말씀을 하실 때, 우리는 어떻게 해야 할까요?

교리와 전통을 중시했던 유대인들은 그것을 벗어난 이야기나 생각을 용납하지 못했습니다. 그래서 그들은 예수님을 십자가에 못 박아 죽이고 말았습니다. 그런데 아브라함은 거부할 만한 이유가 충분한 하나님의 음성에 어떻게 반응했습니까? 하나님이 "네 사랑하는 독자 이삭을 데리고 모리아 땅으로 가서 그를 번제로 드리라"고 말씀하신 순간, 아브라함은 어떻게 즉시 이를 하나님의 음성으로 받아들여 순종할 수 있었을까요? 우리는 이 점을 깊이 생각해 보아야 합니다.

자기 머리로나 경험으로나 습관으로는 도저히 받아들일 수 없는 일을 하도록 주님이 말씀하셨을 때도, 이를 말씀하신 분이 하나님이라는 사실을 아는 것은 하나님과 친밀한 관계를 맺어야만 가능한 일입니다. 그렇지 않으면 이 문제를 해결할 수 없습니다. 즉, 하나님 음성을 듣는 삶의 열쇠는 하나님과의 친밀함을 어떻게 회복시켜 나갈 것인가, 하나님께 얼마나 더 가까이 다가갈 것인가에 있습니다.

## :: 하나님과의 관계를 회복하라

아브라함이 어떤 과정을 거쳐 여기까지 왔는지 살펴봅시다.

하나님은 아브라함에게 고향인 갈대아 우르를 떠나, 하나님이 지시하시는 곳으로 가라고 하셨습니다. 그리고 그때부터 하나님과 아브라함의 인격적 관계 형성이 시작되었습니다. 그러기 위해 아브라함은 그동안 의지했던 것들에서 떠나야 했습니다.

여기에서 우리는 "본토 친척 아비 집을 떠나 내가 네게 지시할 땅으로 가라"(창 12:1, 개역한글)는 말씀을 놓쳐서는 안 됩니다. '내가 지시할 땅'으로 가라는 말씀의 핵심은 '땅'이 아닙니다. "내가 지시하겠다"라는 것이 더 중요합니다. 하나님은 단순히 아브라함을 가나안이라는 공간으로 옮겨 놓으려고 부르신 것이 아닙니다. 그를 불러 떠나라고 하신 목적은 '일'이 아니라 '관계'에 있었습니다.

많은 그리스도인이 이 부분에서 크게 착각합니다. 목회자도 마찬가지입니다. "주여, 어디든 보내시는 곳으로 가겠습니다"라며 기쁘게 순종하며 갑니다. 그런데 문제는 하나님과는 아무런 관계없이 간다는 것입니다.

하나님은 쳐다보지도 않고, "부름 받아 나선 이 몸 어디든지 가오리다" 하면서 갑니다. 자기 혼자 갑니다. 하나님이 보다 못해 "야야, 나는 여기 있는데 너 혼자 그렇게 가면 어떻게 하니?"라면서 자꾸 부르십니다. 그러면 "사탄아, 물러가라! 주님의 부르심을 받아 가는 길을 방해하지 말아라!" 하면서 다시 갑니다.

너무 답답해지신 하나님이 쫓아와 톡톡 치시면서 "나는 지금 이쪽으로 갈 거란다. 너도 같이 가자"라고 하십니다. 그런데도 자꾸 혼자 갑니다. 결국 하나님이 밧줄로 꽁꽁 묶어서 끌고 가십니다. 질병 같은 밧줄로 묶어서 제 발로 걸어 다니지 못하게 하고, 주님을 바라보게 하십니다. 이처럼 우리는 어려움이 생겨 넘어지고 깨지며 상하고 나서야 주님을 다시 바라봅니다.

그냥 단순히 아브라함을 가나안으로 옮겨 놓는 것이 목적이었다면, 굳이 그렇게 복잡한 과정을 거칠 필요가 있었을까요? 왜 굳이 아브라함에게 "이리 가라, 저리 가라"고 계속 말씀하셨던 걸까요? 왜냐하면 아브라함에게 하나님이 어떤 분인지 알려 주고, 친밀한 관계를 맺기 위해서였습니다.

하나님은 아브라함에게 "네 후손을 통해 천하 만민이 복을 받을 것이다"라고 말씀하셨습니다. 그런데 수년이 지나도록 자식이 생길 기미가 보이지 않았습니다. 아브라함은 결혼한 지 벌써 수년이 되었고, 하나님의 약속을 받은 지도 수년이 지났습니다. 아브라함은 수년간 그 약속을 믿으며 살았습니다. 그런데도 여전히 자식이 생기지 않았습니다. 결국 아브라함은 집에서 종복으로 기른 다메섹 사람 엘리에셀을 자녀 삼았습니다. 아마 엘리에셀은 아브라함의 호적에도 올라가고 겸상도 하며 아브라함의 후사로 살았을 것입니다. 엘리에셀에게는 놀라운 축복이 아닐 수 없었습니다.

성경을 읽는 우리는 해답을 잘 알기 때문에 실감할 수 없지만, 실제로 우리 삶 가운데 딱 부딪치면 이 상황을 아브라함처럼 결정해 나갈 수밖에 없지 않을까요? 분명 아브라함은 하나님을 신뢰했지만, 하나님이 기대하시는 수준에는 미치지 못했습니다. 하나님은 아브라함에게 그러셨듯, 우리의 믿음을 순도 높은 믿음으로 만들고자 계속해서 단련하십니다.

아브라함이 엘리에셀을 후사로 삼기 전에 하나님이 나타나셔서 "아브라함아, 나는 전능자다. 나는 너의 상급이 될 거야. 걱정하지 말고 기다리렴. 내가 너에게 반드시 자녀를 줄 거야"라고 말씀하셨더라면 얼마나 좋았을까요. 그러나 하나님은 수년 동안 아무 말씀이 없으셨습니다. 결국 아브라함은 어쩔 수 없는 선택을 하게 되는데, 그제야 하나님이 말씀하셨습니다.

우리는 여기서 하나님의 마음을 바라봅니다. 우리는 어떤 문제를 풀어 나가려고 애를 쓰지만, 그것은 하나님이 원하시는 일이 아닙니다. 하나님은 우리가 모든 것을 결정하는 순간마다 하나님과 더 깊은 관계를 맺기 원하십니다.

하나님은 아브라함이 엘리에셀을 후사로 삼은 것에 대해 책망하지는 않으셨습니다. 단지 아브라함 안에 있는 믿음의 순도를 높이기 원하셨습니다. 창세기 15장 4-6절을 보면, 하나님은 "내가 너에게 주겠다고 하는 자녀는 네가 결정한 것이 아니라 네 몸에서 날 자를 말하는 것이란다"라고 하십니다. 이 말씀을 통해 아브라함은 자녀를 주신다는 하나님의 약속이 자신의 생각과는 다른 부분임을 깨닫습니다.

사람마다 자기 삶의 유형과 방식이 있습니다. 그런데 하나님은 우리가 각자의 방식대로 살기를 원치 않으십니다. 자기 방식을 따르기보다는 하나님과의 관계 속에서 모든 일이 결정되기 바라시는 것입니다. 그럴 때 우리의 생각이 깨어지고, 하나님과의 관계가 점점 더 깊어지게 됩니다.

이제 아브라함은 자신의 몸에서 자녀가 생길 것을 믿음으로 기다립니다. 그러나 이제는 사라가 더 이상 기다리지 못하고 일을 저지르고 맙니다. 남편이나 자신도 점점 늙어 가고 있고 이러다가는 정말 가망이 없겠다 싶었던 사라가 용감하게 나섭니다. 자신의 몸종인 하갈을 아브라함에게 주면서, 하갈을 통해 자녀를 얻고자 합니다. 창세기 15-16장에 나타나는 모든 일은 놀랄 일이 아닙니다. 당시의 관례와 전통, 문화, 사고방식으로는 오히려 아주 당연한 일이었습니다.

우리는 대개 사고방식이나 문화, 전통에 매여 하나님의 일을 결정합니다. 그러나 이는 하나님의 음성이 아닙니다. 아브라함의 상황을 보면, 이러한 문제 해결 방식이 얼마나 잘못된 것인지 알 수 있습니다. 한번 생각해 보세요. 여러분이라면 이런 상황에서 어떻게 하시겠습니까? 하갈을 통해 자녀를 낳아 달라는 사라의 요청을 받아들인 아브라함은 결국 아들 이스마엘을 얻습니다. 그러나 이스마엘의 출생은 결국 이스라엘 민족에게 큰 고통을 가져다주었습니다. 이처럼 하나님의 음성을 듣지 않고 결정한 결과는 큰 아픔과 고통을 가져오게 됩니다. 그만큼 우리 삶을 매순간 분별하여 결정하는 일이 얼마나 중요한 것인지요.

이제 하나님은 사라에게 "사라야, 하갈이 아니라 네 몸을 통해 자녀가 날 것이다"라고 또다시 말씀하셨습니다. 이러한 과정을 통해 하나님은 그분과의 관계를 회복시키십니다. 아브라함을 향한 "자녀를 주겠다, 가나안을 주겠다, 그래서 너로 하여금 천하 만민이 복을 얻을 것이다"라는 하나님의 말씀은 마침내 우리를 통해서 이루어질 것입니다. 그런데 그 사실 못지않게 더 중요한 사실은, 그 일을 통해 하나님과 우리 사이에 친밀한 관계가 회복되어진다는 것입니다.

창세기 24장으로 넘어가 봅시다. 여호와께서 범사에 아브라함에게 복을 주셨다는 말씀이 나옵니다. 이는 그 후부터는 갈등이 없었다는 뜻입니다. 얼마나 놀라운 일인지 모릅니다. 이처럼 하나님과 친밀한 관계를 맺는 것이야말로 우리 신앙생활에서 가장 중요한 요소의 하나입니다. 하나님과 친밀한 관계를 형성해야만 창세기 22장의 이삭을 번제로 드리는 문제가 풀릴 수 있습니다.

우리는 여러 가지 문제를 안고 씨름합니다. 자녀 문제, 진로 문제, 재정 문제 등 다양합니다. 그 문제가 해결되면, 모든 게 다 끝날 수 있을까요? 아닙니다. 우리에게 중요한 것은 하나님을 더 깊이 알아 가는 것이며, 하나님과 더 깊은 관계를 맺는 것입니다.

입시철이 되면 많은 부모가 새벽기도에 열심히 참석합니다. 그러다가 아이가 대학교에 합격함과 동시에 새벽기도도 끝이 납니다. 대체 무엇 때문에 그렇게 열심히 기도하는 것입니까? 무엇 때문에 하나님께 예배하고 기도하느냐는 말입니다. 좋은 결과를 얻으려고 기도를 하는 것은, 이방인들도 다 하는 일입니다.

출애굽기 32장을 보십시오. 이스라엘 백성이 시내산 밑에서 금송아지 우상을 만들었습니다. 그런데 그들의 말을 들어 보면 놀라지 않을 수가 없습니다. "우리를 위하여 우리를 인도할 신을 만들라"(출 32:1). 즉, 그들은 자기들을 위해 하나님을 스스로 만들었습니다. 자기를 위한 신, 이것이 바로 우상입니다. 나의 목적을 이루고자 신을 섬기는 것은 잘못된 것입니다. 어떤 문제가 있을 때 우리는 그 문제를 해결하기 위해 하나님 앞으로 나아와 기도합니다. 그러나 문제 해결은 목적이 될 수 없습니다. 그 문제 해결 과정에서 하나님을 알아 가는 것만이 우리의 목적이 될 수 있습니다.

시골에 계신 부모님이 도시에 사는 자녀들에게 전화하면서, 내려와서 쌀을 가져가라고 얘기합니다. 물론 전화를 건 목적은 쌀을 주기 위함입니다. 그러나 그보다 더 큰 목적은 자식들 얼굴을 보기 위함입니다. 이와 마찬가지로, 하나님은 우리가 간구하면 문제를 해결해 주시겠다고 말씀하시지만, 그 안에 담긴 깊은 마음은 우리 얼굴을 보고 싶고 우리와 깊은 관계를 맺고 싶으신 것입니다.

:: 삶의 모든 영역에서 하나님의 음성 듣기

하나님은 우리에게 자유의지를 주셨습니다. 아침에 일어나서 "하나님, 오늘은 윗도리부터 입을까요? 아, 신발은 어느 것을 신을까요?"라고 묻는 사람이 있다면, 사람들은 그를 미친 사람 취급할 것입니다. 우리는 당연히 우리 임의대로 그런 것을 결정할 수 있습니다. 스스로 결정해서 행동할 수 있습니다. 그런데 이 자유의지는 하나님의 음성을 듣는 삶에 대해 오해하게 만듭니다. 하나님 음성을 듣는 삶을 사는데 가장 큰 걸림돌이 되는 것은 바로 이 자유의지입니다.

하나님이 우리에게 자유의지를 주신 것은 하나님과의 관계를 무시해도 좋다는 것이 아닙니다. 우리는 이 사실을 깨달아야 합니다. 우리가 하나님을 존중히 여기고 사랑하며 그분과 친밀한 관계를 쌓아갈수록, 오히려 우리는 아주 작은 일, 내 임의대로 할 수 있는 사소한 일까지 하나님의 뜻을 구하게 됩니다. 이것이 바로 관계입니다. 친밀한 관계일수록 아주 작은 일까지도 나누게 됩니다.

우리가 마땅히 자유의지대로 결정하고 행할 수 있는 부분이라고 하더라도, 우리는 하나님의 말씀에 귀 기울여야 합니다. 그래야 그분과의 친밀한 관계가 유지됩니다. 이는 꼭 필요한 부분입니다.

자녀가 성장해서 결혼을 하면, 부모에게서 독립하게 됩니다. 분가하면 더 그렇습니다. 독립한다는 것은 스스로 자기 일에 책임져야 한다는 뜻입니다. 부모에게 의존해서는 안 됩니다. 그러나 기억해야 할 것은, 독립했다고 해서 부모와 관계를 끊는 것은 아니라는 사실입니다. 오히려 부모님을 존중히 여기는 자녀일수록 부모님과 상의해서 일을 결정합니다. 의존이 아니라 상의입니다. 이것이 관계입니다.

부부 관계도 그렇습니다. 남편이 아침에 출근하기 위해 옷을 입으면서 아내에게 "이 옷 어때? 이 옷에 이 넥타이가 어울려?" 하고 묻는 광경을 떠올려 보십시오. 어떤 생각이 드십니까? 이상합니까, 아니면 자연스럽습니까? 그런데 만약 아내가 "그것도 하나 혼자서 못해요? 당신이 알아서 골라요"라거나 "당신, 유치원생이에요? 자기 옷 하나 혼자 못 챙겨 입고 저한테 물어 보면 어떻게 해요?"라고 말한다면, 남편의 기분이 어떨까요? 정말 황당하지 않겠어요?

남편은 혼자 결정하지 못해서 아내의 도움을 구한 것이 아닙니다. 이는 관계의 문제입니다. 친밀하면 친밀할수록 작은 문제까지도 다 나누게 됩니다. 부부의 이런 대화는 관계가 좋다는 증거입니다. 관계가 좋지 않을 때는 이런 것으로 서로 대화를 나누지 않습니다. 이것이 관계의 경험입니다.

"나도 알아서 잘하는 사람이니, 당신은 신경 쓰지 않아도 돼"라고 하면서 혼자 일을 처리해 버리면, 관계가 깊어질 수 없습니다. 이처럼 우리가 사소한 문제라도 하나님께 말씀드려야 하는 이유는 그분과 친밀한 관계를 유지하며 깊이 알아 가기 위해서입니다. 그분을 더 잘 알아 가려면, 될 수 있는 한 더 많은 대화를 나누어야 합니다. 옷을 입는 것처럼 사소한 문제로도 하나님과 대화를 나눌 수 있습니다. "하나님! 저 어때요?"

:: 음성을 분별하라

그런데 사탄은 우리에게 이렇게 속삭입니다. "야, 하나님이 자유의지를 주셨으니 그런 사소한 문제는 네 마음대로 해도 되잖아. 그럴 필요가 뭐 있어?" 그러나 우리는 이러한 사탄의 속삭임에 넘어가면 안 됩니다. 그것 말고도 사탄은 "하나님이 왜 네게 말씀을 안 하시는지 알아? 그건 네가 죄를 너무 많이 지어서야"라며 우리를 속입니다.

그러나 창세기 3장을 보면, 하나님은 아담과 하와가 선악과를 따 먹는 죄를 지은 다음에도 여전히 그들을 찾아오셔서 "아담아!" 하고 부르십니다. 하나님의 음성이 들리자 그들은 두려워하며 숨었지만, 하나님은 오히려 죄인을 찾으러 오십니다.

내 죄 때문에 하나님이 말씀하지 않으실 거라는 사탄의 말에 속지 마시기 바랍니다. 죄를 지으면 분명 어려움이 생깁니다. 하나님과 나 사이에 벽이 생기고 관계가 깨져서, 하나님의 음성을 제대로 듣지 못할 수도 있습니다. 높아진 내 생각의 벽이 하나님 음성을 거절하게 만드는 것입니다. 그러나 분명한 것은 언제나 하나님이 우리 각 사람을 찾아오셔서 말씀하시는 분이라는 사실입니다.

또 하나님이 아주 특별한 사람에게만 말씀하신다고 여기는 생각도 사탄이 주는 거짓입니다. 하나님의 음성을 듣는 것은 특별한 은사가 아닙니다. 하나님의 모든 자녀에게 주어진, 지극히 자연스러운 삶의 모습인 것입니다.

우리는 개인적이고 중요한 문제일수록 하나님이 직접 말씀하시는 것을 들어야 합니다. 다른 사람을 통해 들으려고만 하지 말고, 중요한 문제일수록 직접 하나님의 말씀을 들어야 합니다. 하나님이 아버지이시고 우리는 그분의 자녀이기 때문에, 우리 개인에게 중요한 문제일수록 하나님 아버지도 더 관심을 보이며 말씀해 주실 것입니다. 만약 자녀가 아버지를 직접 찾지 않고 자기 친구를 시켜 "아저씨의 아들이 저에게 이런 말을 전해 주라고 하던데요?"라고 한다면, 그 아버지가 아들을 어떻게 대하겠습니까?

이제, 직접 하나님께로 나아갑시다. 중요한 문제일수록 더욱 그렇게 합시다.

## 6장 하나님의 음성을 듣는 몇 가지 원리

"하나님의 음성을 어떻게 들어야 하나요?"라고 묻는 분들이 있습니다. 그리고 이를 신비로운 일로 여기는 분들도 있습니다. 그러나 하나님의 음성을 듣는 삶에는 어떤 왕도가 있는 것이 아닙니다. 그저 성령 충만하여 주님과 동행하며 살면 됩니다. 이제 여러분의 이해를 돕고자 하나님의 음성을 듣는 삶의 원리에 대해 나누려 합니다.

::방송의 원리

하나님의 음성을 듣는 것에는 어떤 방법이나 기술이 따로 있는 게 아닙니다.

하나님은 말씀하시는 분이고, 우리는 듣는 사람입니다. 하나님의 음성을 듣는 삶의 원리는 마치 방송의 원리와 비슷합니다. 방송국은 사람들에게 멋진 영상을 보여 주려고 애를 씁니다. 그런데 재미있는 것은 그 영상을 밖으로 내보낼 때는 보이지 않는 전파로 바꾸어 내보낸다는 것입니다. 그래서 아나운서의 목소리와 모습은 전파로 바뀌어 공중에서 흐르다가, 수신기 안테나로 흘러 들어갑니다. 사람들은 전파를 눈으로 볼 수 없습니다. 그러나 수신기만 있으면 그 전파를 얼마든지 듣거나 볼 수 있습니다.

이처럼 성령님도 하나님과 우리 사이에서 수신기와 같은 역할을 하십니다. 우리가 하나님의 음성을 잘 들을 수 있게 해주고, 우리의 기도를 하나님께 전달해 줍니다. 그래서 수신을 잘하려면 우리 안에 전기가 통할 수 있도록 먼저 스위치를 켜야 합니다. 즉, 성령님이 우리 안에 임재하셔야 합니다. 성령님이 오시면 수신기가 작동하여, 우리는 하나님의 음성을 알아듣게 됩니다.

:: 온 땅에 통하는 말씀

[다윗의 시, 인도자를 따라 부르는 노래] 하늘이 하나님의 영광을 선포하고 궁창이 그의 손으로 하신 일을 나타내는도다 날은 날에게 말하고 밤은 밤에게 지식을 전하니 언어도 없고 말씀도 없으며 들리는 소리도 없으나 그의 소리가 온 땅에 통하고 그의 말씀이 세상 끝까지 이르도다 하나님이 해를 위하여 하늘에 장막을 베푸셨도다 시 19:1-4

다윗은 하늘이 하나님의 영광을 선포하는 것을 듣습니다. 궁창이 하나님의 손으로 하신 일을 나타내는 것을 보고 있습니다. 그런데 무언가 아주 독특합니다. 언어도 없고 말씀도 없으며 들리는 소리도 없었습니다. 하지만 그 소리가 온 땅에 통하고 있음을 노래하고 있습니다.

다윗은 하나님의 언어가 사람의 언어와는 다름을 알았습니다. 다윗이 들은 하나님의 음성은 사람의 귀로는 들을 수 없는 소리였습니다. 물론 하나님은 들리는 소리로 말씀하기도 하시지만, 다윗이 경험한 것은 언어도 없고 들리는 소리도 없는 것이었습니다. 이것이 하나님의 음성의 일반적인 특징입니다.

다윗은 궁창을 통해 하나님의 음성을 들었습니다. 즉, 하늘을 통해서 하나님의 음성을 들은 것입니다. 우리가 여기서 깨달을 수 있는 진리는, 그 소리가 지금도 똑같이 땅 끝까지 이르고 있으며 지금도 하나님은 여러 통로를 통해 말씀하고 계신다는 사실입니다.

우리는 우리 속에 전파가 있다는 사실을 믿습니다. 라디오와 텔레비전이 있다고 해서 영상을 그냥 보고 들을 수 있는 것이 아닙니다. 반드시 전원을 연결해서 전파에 맞는 채널을 맞춰야 합니다. 이러한 원리에 의해 하나님은 우리 가운데 말씀하십니다.

방송국에서 방송을 내보내는 방식은 다양합니다. 다중 방송이란 기본적인 음성 전파에 한 가지 이상의 문자나 음성 신호를 더해 내보내는 것입니다. 하나님의 음성도 그렇습니다. 즉, 하나님은 여러 가지 통로를 통해, 여러 가지 모양으로 우리에게 말씀하십니다. 그 음성은 수신기, 즉 성령님을 통해 우리가 알아들을 수 있는 언어가 됩니다.

각 사람의 영혼 가운데 성령님이 하나님의 말씀을 들려주십니다. 그러므로 성령님을 통하지 않으면 하나님의 말씀을 들을 수도 볼 수도 알 수도 없습니다.

> 기록된바 하나님이 자기를 사랑하는 자들을 위하여 예비하신 모든 것은 눈으로 보지 못하고 귀로 듣지 못하고 사람의 마음으로 생각하지도 못하였다 함과 같으니라 오직 하나님이 성령으로 이것을 우리에게 보이셨으니 성령은 모든 것 곧 하나님의 깊은 것까지도 통달하시느니라…우리가 세상의 영을 받지 아니하고 오직 하나님으로부터 온 영을 받았으니 이는 우리로 하여금 하나님께서 우리에게 은혜로 주신 것들을 알게 하려 하심이라 고전 2:9-10

"하나님이 자기를 사랑하는 자들을 위하여 예비하신 모든 것"이란 무엇입니까? 우리 눈으로 보지 못하고 귀로도 듣지 못하고 마음으로 생각하지도 못하는 그것은 하나님으로부터 온 영을 통해야만 알 수 있습니다. 즉, 우리가 보는 성경도 성령님의 감동하심으로 기록된 것이므로 우리가 성경말씀을 깨달으려면 성령님의 감동하심이 필요합니다.

아마 성경을 기록할 때 그 감동은 대단했을 것입니다. 그래서 저는 성경을 읽기 전이면 항상 조심스레 이렇게 기도합니다. 성경을 기록할 당시 기록자들의 흥분과 감동이 제 안에도 동일하게 있게 해 달라고 말입니다. 그러면 그 말씀을 읽을 때, 동일한 감동으로 제게 다가올 것이라고 믿습니다.

## :: 시각적인 것에 유의하라

우리가 보고 듣고 생각하게 하는 것은 굉장히 중요합니다. 그런데 이는 성령님이 풀어 주시는 부분입니다. 하지만 우리는 종종 이 부분을 빼놓고서 그냥 "제게 보여 주시옵소서. 제가 듣게 하여 주시옵소서" 하고 기도합니다.

"예레미야, 지금 무엇을 보느냐?"

"예, 끓는 가마를 보나이다. 북에서 남으로 기울어져 있습니다. 거기에는 아주 펄펄 끓는 물이 있는데, 이 가마가 기울어졌습니다."

그가 보는 가마를 통해서 하나님이 말씀하기 시작하십니다.

"예레미야, 무엇을 보느냐?"

"예, 살구나무를 보나이다."

그가 보는 살구나무를 통해서 하나님이 말씀하기 시작하십니다.

로렌 커닝햄 또한 바닷가에서 몰아치는 파도를 보는 순간, 하나님이 말씀하시는 것을 보았습니다. 이처럼 보는 것은 하나님이 우리 가운데 말씀하시는 통로 중의 하나입니다. 다시 말해, 보는 것은 안테나 역할을 합니다. 그러니까 항상 눈을 조심해야 됩니다. 무엇을 보느냐가 중요합니다.

이사야 또한 이 부분 때문에 많이 고민했습니다. 이사야는 "소는 그 임자를 알고 나귀는 그 주인의 구유를 알건마는 이스라엘은 알지 못하고"(사 1:3)라고 통회하면서, 이스라엘 백성이 지은 죄에 대해서 낱낱이 드러내기 시작합니다. 이는 이사야 1-5장에 자세히 나타나 있습니다. 이사야는 죄악이 가득한 세상을 보면서 낙심하고, 죄악에 대해 부르짖기 시작합니다. 그런데 6장으로 넘어가면서부터는 사건이 확 바뀝니다. 웃시야 왕이 죽던 해, 이사야에게 나타나신 하나님이 환상을 보여 주셨습니다.

> 웃시야 왕이 죽던 해에 내가 본즉 주께서 높이 들린 보좌에 앉으셨는데 그의 옷자락은 성전에 가득하였고 스랍들이 모시고 섰는데 각기 여섯 날개가 있어 그 둘로는 자기의 얼굴을 가리었고 그 둘로는 자기의 발을 가리었고 그 둘로는 날며 서로 불러 이르되 거룩하다 거룩하다 거룩하다 만군의 여호와여 그의 영광이 온 땅에 충만하도다 사 6:1-3

천사들은 지금 주님 보좌 앞에서 날개를 저으면서 그분을 찬양하고 있습니다. 이사야 또한 온 땅에 하나님의 영광이 충만하다고 찬양합니다. 분명히 그 앞에 보이는 땅에는 죄악이 가득한데 말입니다. 똑같은 세상을 보지만, 그 눈이 다른 까닭입니다. 그러니까 이사야는 사람의 눈이 아니라 하나님이 보여 주시는 계시를 통해 이 세상을 보았습니다.

## :: 성령님의 도움을 받으라

눈으로 보아도 보지 못하고, 귀로 들어도 듣지 못하고, 마음으로 생각해도 알 수 없는 것들이 있습니다. 하나님은 이 모든 것을 오직 성령님을 통해 우리 가운데 보여 주신다고 말씀하셨습니다. 따라서 하나님의 음성을 듣는 삶의 철저한 원칙은 성령님께 위탁함으로 그분의 역사와 인도를 따르는 것입니다.

성경이 하나님의 감동으로 기록되었다는 것은 무슨 뜻입니까? 헬라어를 찾아보면 "하나님의 호흡으로 기록되었다"라고 되어 있는데, 이는 하나님의 바람, 성령님의 바람을 불어넣었다는 뜻입니다. 즉 성경 속에는 하나님의 호흡, 하나님의 바람이 들어 있다는 것입니다.

창세기 2장 7절을 보십시오. 하나님이 사람을 흙으로 지으시고 그 코에 생기를 불어넣으시니, 사람이 생령이 되었다고 합니다. 생령이란, 하나님을 갈망할 줄 아는 존재가 되었다는 뜻입니다. 여기에는 하나님과의 교제를 갈망하는 존재가 되었다는 의미가 담겨 있었습니다. 이렇게 사람이 생령이 된 것은 하나님이 '생기'를 불어넣으셨기 때문입니다. 생기란 하나님의 바람, 하나님의 영입니다. 얼마나 놀랍습니까? 흙으로 만든 것이 갑자기 생령이 되어 움직이면서 하나님과 교통하게 되었습니다.

중요한 것은 사람이 하나님을 거역하면서부터 그 생기를 잃어버렸다는 것입니다. 그래서 하나님은 사람들의 영혼에 다시 생기를 불어넣기 위해, 그분의 감동으로 말씀을 기록하게 하셨습니다. 말씀이 하나님의 감동으로 기록되었다는 것은 말씀 속에 하나님의 영을 불어넣으셨다는 의미입니다. 하나님은 말씀에 하나님의 감동, 하나님의 생기를 불어넣으셨습니다. 그래서 그 말씀이 우리 안에 들어오는 것은 하나님이 우리 영혼에 생기를 불어넣으시는 것과 같습니다. 성경을 펴서 읽으면 우리 코에 하나님의 생기가 불어넣어집니다. 정말 오묘한 하나님의 역사입니다.

성경 기록자들은 성령님을 통해 마음에 감동을 받아 성경을 기록했습니다. 그리고 그 감동은 성경을 읽는 우리 또한 똑같이 느낄 수 있습니다. 성경을 기록하는 이들의 마음속에 감동을 불어넣으신 성령님이 그 말씀을 읽는 사람들의 영혼에도 그때와 똑같은 감동을 불어넣어 주시는 것입니다. 그 감동은 사람의 영혼에 생기가 되어, 생령이 됩니다.

이 모든 일은 성령님의 역사입니다. 성령님의 역사하심이 없다면, 성경을 아무리 많이 읽어도 아무런 유익이 되지 않습니다. 하나님의 말씀이 우리 안으로 들어올 때, 성령님의 감동으로 말미암아 우리 영혼이 호흡할 수 있습니다. 그러므로 우리는 성경을 읽거나 묵상할 때 성령님을 의지하지 않을 수 없습니다.

## :: 하나님의 음성을 듣는 통로

이제 우리가 정리해야 할 것이 몇 가지 있습니다. 하나님이 우리 가운데 말씀하시는 통로들을 다시 한 번 정리해 봅시다. 하나님의 말씀이 있고, 사건도 있고, 자연도 있고, 사람도 있습니다.

### 교회를 통해 말씀하신다

우선 하나님은 그리스도의 몸인 교회를 통해서, 이 모든 것들 위에 말씀하십니다. 교회를 통해 말씀하신다는 것은 대부분 성령의 은사를 말합니다. 이를 테면, 말씀을 전하는 은사가 있는 사람들을 통해서 우리 가운데 말씀하십니다. 우리 몸에 입이 있어서 말을 할 수 있듯, 교회에도 입이 있습니다. 즉, 말하는 은사를 가진 사람들이 있어서, 이들을 통해 하나님의 말씀이 전달됩니다.

### 사람을 통해 말씀하신다

누가 무슨 말을 할 때 하나님의 음성으로 들릴 때가 있습니다. 어떤 자매님의 간증입니다. 그날따라 자매님은 몹시 짜증이 났습니다. 그래서 교회에 가지 않기로 작정하고 예배 시간이 다 되어 식사를 차려놓은 뒤 바쁜 척하며 식사를 했습니다. 그런데 자기 딸이 "엄마! 오늘은 교회 안 가?" 하고 묻더랍니다. 그 말이 하나님의 음성으로 들렸던 자매님은 결국 밥 먹다 말고 수저를 놓고서 교회에 왔다고 합니다. 이처럼 누군가의 말은 종종 우리에게 하나님의 음성으로 들립니다.

### 환상과 꿈, 감각을 통해 말씀하신다

또한 우리는 환상이나 초자연적 역사를 통해 성령님의 역사하심을 보고 듣고 생각하게 됩니다. 이러한 역사는 어떤 통로들을 통해 우리 안으로 들어오게 될까요? 조금 전에 잠시 나눈 것처럼, 우리 몸은 하나님의 형상으로 지어졌습니다. 그래서 우리 몸 전체가 곧 수신기입니다. 촉감 또한 하나님의 말씀을 받아들이는 통로가 됩니다. 성경에는 "하나님의 손이 저를 누르시매", "하나님이 저를 안수하시매"와 같은 표현이 많이 나옵니다.

이처럼 하나님은 우리의 감정과 느낌, 촉각을 통해 말씀하시며, 생각의 영역도 사용하십니다. 모든 지식과 정보가 이런 통로를 통해 우리 안으로 들어옵니다.

왠지 마음 가운데 이상한 느낌이 들 때가 있습니다. 어떤 사람을 만나거나 어떤 장소에 가면 어떤 느낌(feeling)을 받을 때가 있습니다. 우리 감성을 통해 들어온 무언가가 안테나에 걸리면, 그것이 어디에서 왔는지 분별하며 이를 받아들일지 말지를 결정하게 됩니다. 마음에 결정을 내리면, 이는 곧 행동으로 나타납니다.

때로 우리 안의 이런 장치가 마비될 때가 있습니다. 그러면 눈으로 보아도 보지 못하고 귀로 들어도 듣지 못하는, 그야말로 불 꺼진 등처럼 되어 버릴 때가 있습니다. 그때 하나님의 영은 우리 안에 생기를 불어넣어 주셔서 우리 영을 살리시고, 우리 안에 들어오는 것들을 다시 분별하게 하십니다.

성경은 "우리가 세상의 영을 받지 아니하고"(고전 2:12)라고 합니다. 세상으로부터 온 영은 세상에서 오는 것만 받아들입니다. 그래서 다른 사람의 부정적인 면과 약점만 자꾸 봅니다. 긍정적인 부분은 전혀 보이지 않습니다. 형제가 하나님의 형상이 아니라 원수로 보이는 이유는 하나님께로부터 온 영이 아니라 세상으로부터 온 영이 마음속에 있기 때문입니다. 그래서 하나님이 보여 주시는 것들은 받아들이지 못한 채, 세상으로부터 오는 것만 받아들이게 되는 것입니다.

즉, 예수 그리스도를 믿음으로 하나님의 영이 우리 안에 들어오게 되면, 하나님이 우리에게 은혜로 주신 것들을 보게 됩니다. 형제자매 안에, 우리 가정에 하나님이 은혜로 주신 것이 무엇인지 보이기 시작한다는 것입니다. 신기하지 않습니까? 아주 놀라운 일입니다.

## :: 하나님의 시각으로 바라보라

> 여호와여 나의 대적이 어찌 그리 많은지요 일어나 나를 치는 자가 많으니이다 많은 사람이 나를 대적하여 말하기를 그는 하나님께 구원을 받지 못한다 하나이다 (셀라) 여호와여 주는 나의 방패시요 나의 영광이시요 나의 머리를 드시는 자이시니이다 시 3:1-3

'셀라'란 무슨 뜻일까요? 음악으로 말하면, 마치 쉼표와 같습니다. 성경말씀을 읽다가 그 사이에서 잠시 쉬면서 생각해 보라는 뜻입니다. 이 말씀은 다윗이 아들 압살롬으로부터 왕국에서 쫓겨나면서 불렀던 노래입니다. 그 나라의 통치자 다윗의 권세는 정말 대단했습니다. 그런데 이제 아들의 반역으로 왕국에서 쫓겨나게 되었습니다.

> 여호와여 나의 대적이 어찌 그리 많은지요 일어나 나를 치는 자가 많으니이다
>
> 많은 사람이 나를 대적하여 말하기를 그는 하나님께 구원을 받지 못한다 하나이다

정말 기막힌 말이 아닙니까? 다윗을 전혀 모르는 사람이 이렇게 말했다면 그냥 웃어넘기고 말았을 것입니다. 그런데 다윗 가운데 하나님의 역사하심을 옆에서 모두 지켜보았던 사람들이 "그는 하나님께 구원을 받지 못할 거야"라고 한다면, 그 말을 듣는 다윗의 심정이 어땠을까요? 다음 말씀을 보면서 다윗의 심정을 잠시 생각해 봅시다.

여호와여 주는 나의 방패시요 나의 영광이시요 나의 머리를 드시는 자이시니이다

하나님이 우리 머리를 들어 주시는 분이심을 믿으십니까? 저는 이 말씀을 묵상할 때면 다음 말씀이 생각납니다.

지면에는 꽃이 피고 새가 노래할 때가 이르렀는데 비둘기의 소리가 우리 땅에 들리는구나 무화과나무에는 푸른 열매가 익었고 포도나무는 꽃을 피워 향기를 토하는구나 나의 사랑, 나의 어여쁜 자야 일어나서 함께 가자 아 2:12-13

이 말씀의 배경은 마치 이렇습니다. 사랑하는 사람이 보고 싶어서 산을 넘고 물을 건너 들판을 지나 막 뛰어왔습니다. 막상 그 사람의 집에 이르렀는데, 머뭇거리며 서 있습니다. 문을 열어 안을 들여다보더니, 다시 얼른 닫아 버렸습니다. 그러고는 오지 않은 것처럼 가만히 서 있습니다. 하지만 안에 있는 주님은 다 알고 계십니다. 정말 기뻐하고 계십니다. 쭈뼛쭈뼛 서 있는 그를 향해 주님이 이렇게 말씀하십

니다. "나의 사랑하는 어여쁜 자야, 일어나 함께 가자."

그 음성을 듣는 사람의 마음이 어떨까요? 감격하여 울먹거리다가 나중에는 큰 소리로 울어 버리게 될 것입니다. 그러면 주님이 그 사람의 머리를 들어 주십니다.

지치고 힘들 때면 저는 늘 아가서 2장 말씀을 묵상합니다. 여러분, 하나님은 우리 머리를 드시는 분입니다. 많은 사람이 자신감이 부족하여 쭈뼛거리며 서 있습니다. 하나님께 선뜻 다가서지 못하는 사람은 사람에게도 마음을 활짝 열지 못합니다. 뭔가 말하고 싶지만 우물거리며 쭈뼛거립니다. 이때 우리에게 필요한 것은 주님의 말 한마디입니다. 사람들의 수천마디보다 주님의 말씀 하나면 끝납니다.

그래서 우리에게는 분별력이 필요합니다. 많은 사람의 말보다는 주님의 말씀이 더 중요합니다. 주님의 음성 듣기를 소망하면, 그동안 나를 향했던 사람들의 수많은 말들이 눈 녹듯이 사라져 버립니다. "뭐? 내가 하나님의 구원을 받지 못할 거라고?"라면서 싸울 필요가 없습니다.

오직 하나님이 우리의 방패가 되시기 때문에, 사탄이 아무리 "하나님은 결코 너를 구원해 주지 않으실 거야"라고 공격해도 우리 마음은 전혀 요동하지 않습니다. "아니다. 저 말은 틀렸다. 나는 지금도 너를 지키고 있으며, 너의 머리를 들어 주고 있단다. 나의 사랑, 나의 어여쁜 자야, 일어나서 나와 함께 가자. 겨울이 다 지나, 이제는 꽃이 필 거란다"라는 하나님의 말씀이 들립니다.

아마 이 책을 읽는 분들 중에도 겨울이 지나 이제 꽃이 피기 시작하는 삶을 사는 분이 있을 것입니다. 주님과 함께 걸어가십시오. 하나님의 시선을 의지하면, 고통스러웠던 겨울이 지나 지면에 꽃들이 피기 시작하며 그 속에서 주님과 데이트하게 될 것입니다.

내 생각과 내 눈으로 사람을 보면, 보이는 모든 것이 다 힘들게만 느껴집니다. 그런데 내 생각과 내 눈이 하나님의 시각으로 바뀌면, 보이는 모든 것이 다 예쁘게 보입니다. 하나님은 아름다움을 보도록 내 눈과 마음을 열어 주십니다. 보는 것과 듣는 것, 생각하는 것 모두 마찬가지입니다. 이것이 바로 하나님의 음성을 듣는 것입니다.

가룟 유다는 하나님 음성 듣기에 실패한 대표적인 인물입니다. 사탄은 가룟 유다의 마음속에 예수님을 팔려는 생각을 불어넣었습니다. 그러니까 생각은 사탄이 우리 가운데 들어오는 통로이자 하나님이 말씀하시는 통로입니다. 어떤 생각이 들어올 때, 우리는 그것이 하나님께로부터 온 것인지 사탄으로부터 온 것인지를 분별해야 됩니다. 성령님은 우리에게 환상을 보여 주시거나 직접 말씀하시기도 합니다.

가룟 유다와 반대로, 사무엘이라는 사람이 있습니다. 하나님이 "사무엘아! 사무엘아!" 하고 그를 부르셨습니다. 그를 직접 부르셨습니다. 하나님의 음성이 사람의 목소리처럼 들렸으므로, 자다 일어난 사무엘은 엘리가 자신을 부른 줄 알고 그를 찾아갔습니다. 이러한 현상이 일어났을 때, 우리는 영을 분별해야 합니다.

# 7장 하나님의 음성을 분별하라

:: 말씀의 거울로 보라

영을 분별하는 몇 가지 원칙을 들어 보겠습니다. 성경말씀이 우리의 다림줄이 되어야 합니다. 예수님의 재림에 대해 예를 들어 보겠습니다. 예수님은 분명히 재림하십니다. 사도 바울이나 데살로니가 교회는 예수님의 재림을 기대하며 살았습니다. 그런데 우리는 그날이나 때를 알 수 없습니다. 누가 10월 28일이라는 날짜를 계시받았다고 해서, 그날 예수님이 오신다고 말해서는 안 됩니다. 그 부분은 가슴속에 묻어 두어야 합니다.

우리에게는 하나님의 메시지만이 전파로 흘러 들어오는 것이 아닙니다. 사탄의 방해 전파도 들어옵니다. 군대에 있을 때 저는 무선통

신병이었습니다. 말로 통신을 하는 "도깨비 하나, 도깨비 둘 나와라" 하는 것 말고, "도스 도론 도로스 돈스 돈" 등의 부호를 보내는 무선 통신을 했습니다. 그런데 다이얼로 이 주파수를 맞추다 보면, 여러 가지 신호가 정말 많이 혼신됩니다.

이때는 두 가지 이상의 소리가 섞여 들리기 때문에 분별하기가 어렵습니다. 그러면 이것을 분별하기 위해 시험 전파를 보냅니다. 상대편이 채널이 몇 번인지 알려 주면, 이쪽에서 채널을 맞춥니다. 여러 가지 신호가 계속 반복되는 가운데 내가 들어야 할 음을 확인합니다. 양 또한 목자의 음성을 이렇게 분별하여 인식합니다. 기역(ㄱ)을 들을지, 아니면 니은(ㄴ)을 들을지 결정하여 음색을 확인하면, 두 가지 이상의 신호가 섞여서 들어와도 잘 분별하여 들을 수 있습니다.

우리가 사람과 교제할 때 그 음성을 분별할 수 있는 것처럼, 하나님과 교제할 때에도 음성을 인식할 수 있습니다. 아무리 환상 같은 체험을 하게 되더라도 그 느낌 그대로를 다 받아들이면 안 되고, 하나님 말씀으로 분별해야 합니다.

주님이 재림 날짜를 알려 주셔도 그것을 말해서는 안 된다고 했습니다. 그러나 주님이 곧 재림하신다는 메시지는 아주 강하게 외쳐도 괜찮습니다. 주님이 재림하신다는 메시지는 성경에 그대로 나와 있기 때문입니다. 그런데 만약 10월 28일이 지난 지 며칠이 되도록 예수님이 재림하지 않으신다면 어떻게 해야 할까요? 그때는 다시 하나님께 여쭤 봐야 합니다. 그러면 주님이 "때와 시간은 나에게 있다"라고 말씀하실 것입니다.

나의 경험을 버리고, 하나님이 내게 뭐라고 말씀하시는지를 받아들여야 합니다. 그것이 하나님의 음성을 듣고 영을 분별하는 것입니다. 가슴속에 묻어 두는 것이 아니라 그것을 자꾸 나누고 확인해 나가는 훈련을 할 필요가 있습니다.

이런 과정을 통해 우리 안에 하나님과의 친밀감이 계속 회복되어지면, 우리는 하나님의 음성을 분별하게 됩니다. 독자 이삭을 바치라고 했을 때 아브라함이 그 말씀을 하나님의 음성으로 명확하게 알 수 있었던 것은, 그 음성이 이전부터 주님과 계속 교제하면서 들었던 그 모습 그대로 다가왔기 때문입니다.

## ::덕을 세우는 것이 아니라면

말씀을 통해서 하나님의 음성을 분별할 때뿐만 아니라 중보기도할 때도 하나님의 음성을 들을 수 있습니다.

중보기도 시간에 하나님의 음성을 듣고 기도하자고 했을 때, 저는 처음에는 귀에 들리는 것도 없고 눈에 보이는 것도 없어서 당황했습니다. 그런데 요즘에는 눈을 감는 순간에 뭔가 스쳐 지나갈 때가 있는데, 그걸 놓치지 않으려고 노력합니다. 그리고 하나님이 뭔가 특별히 보여 주신 게 있는지 확인하기 위해서 그분께 묻습니다.

그때 저는 하나님의 성품을 봅니다. 아무리 노력해도 사탄이 절대 흉내 낼 수 없는 것이 있는데, 바로 그분의 성품입니다. 사탄은 본질적으로 거짓말을 하는 존재이기 때문에, 애초에 진리를 말할 수 없습니다. 사탄은 자꾸 우리를 속여서 거짓으로 이끕니다. 뿐만 아니라 무엇을 하더라도 사탄은 사랑으로 할 수 없습니다. 사탄에게는 사랑이란 성품이 없기 때문입니다. 또 사탄은 무질서하고, 혼돈을 가져옵니다.

> 사랑을 추구하며 신령한 것들을 사모하되 특별히 예언을 하려고 하라
> 고전 14:1

고린도전서 12-13장 말씀에는 성령의 은사들에 대해 언급되어 있습니다. 하나님은 우리에게 다양한 성령의 은사들을 구하되 사랑을 따라 구하라고 말씀하십니다.

> 내가 사람의 방언과 천사의 말을 할지라도 사랑이 없으면 소리 나는 구리와 울리는 꽹과리가 되고 고전 13:1

사탄 또한 천사의 말을 따라 할 수는 있지만, 사랑을 불어넣을 수는 없습니다. 하나님이 우리를 책망하시는 것과 사탄이 우리를 책망하는 것은 다릅니다. 하나님의 책망은 우리를 격려하고 회복하는 데 이르지만, 사탄은 파괴시키고 절망시킬 뿐입니다. 사탄은 본질적으로 사랑이 없기 때문에 우리가 깨지든 말든 책임지지 않습니다.

그런데 하나님이 우리 죄를 지적하고 책망하시면 반드시 회개가 일어납니다. 우리 잘못을 하나님께 아뢰면 우리 가운데 회복이 일어날 수 있지만, 사탄이 우리 죄를 지적하면 회개는커녕 낙심과 절망,

정죄감만이 듭니다. 하나님과 사탄은 본질적으로 성품에 차이가 있기에 느낌이 전혀 다릅니다. 때문에 어떤 은사를 구하는 것보다는 그 은사를 사랑이라는 성품을 통해 사용하고 전달하는 것이 중요합니다.

그러므로 무언가가 하나님께로부터 온 것인지 사탄으로부터 온 것인지 알려면, 하나님이 어떤 성품을 가지고 계신지 알아야 합니다. 그리고 하나님의 음성을 잘 분별하려면 하나님과 친하게 지내야 됩니다. 고린도전서 14장 전체에서 반복되어 나타나는 말이 있습니다. 그것은 '덕을 세운다'는 말입니다. 그러니까 하나님은 자꾸 덕을 세우는 일을 하시지만, 사탄은 무너뜨리는 일을 합니다.

> 그런즉 형제들아 어찌할까 너희가 모일 때에 각각 찬송시도 있으며 가르치는 말씀도 있으며 계시도 있으며 방언도 있으며 통역함도 있나니 모든 것을 덕을 세우기 위하여 하라 26절

즉, 덕을 세우는 것이 아니면 하나님께로부터 온 것이 아닙니다.

> 만일 누가 방언으로 말하거든 두 사람이나 많아야 세 사람이 차례를 따라 하고… 27절

여기서 차례는 질서입니다.

한 사람이 통역할 것이요 만일 통역하는 자가 없으면 교회에서는 잠잠하고

자기와 하나님께 말할 것이요 27-28절

예언도 역시 마찬가지입니다.

하나님은 무질서의 하나님이 아니시요 오직 화평의 하나님이시니라 33절

하나님은 어지러운 분이 아니라 화평의 하나님이십니다. 카자흐스탄에 전도여행을 간 적이 있습니다. 그때 저는 한 여자 집사님을 통해 정말 큰 충격을 받았습니다. 그 집사님은 혼자서 한 지역에 3개월씩 자비량으로 다니고 계셨습니다. 기도를 정말 많이 하는 분이었습니다. 낙심해 있는 선교사님들에게 위로를 주고, 기도의 불꽃을 일으키는 분이셨습니다. 그분과 잠깐 이야기를 나눴는데, 정말 하나님의 음성을 잘 듣는 분이라는 것이 느껴졌습니다. 그분 말이 아직도 귀에 생생합니다. "하나님은 분명하신 분입니다. 분명하지 않은 것은 하나님의 말씀이 아니라고 생각해도 좋습니다. 그래서 저는 하나님이 분명하게 말씀하실 때까지 기다립니다."

하나님은 결코 우리를 혼란스럽게 하거나 미로를 찾듯 헤매게 하지 않으십니다. 이는 하나님의 성품이나 나타난 결과를 통해 분별할 수 있습니다. 우리 마음 가운데 하나님의 평강이 있는지, 그리고 그 결과가 하나님께로 더 가까이 이끄는지 살펴보십시오. 하나님은 하나 되게 하고 화목하게 하고 평강 가운데로 이끄시는 분이지만, 사탄의 전공은 분열시키는 것입니다.

## :: 동방박사의 원칙

우리는 객관적으로는 말씀과 성품을 통해 하나님의 음성을 분별하고, 그다음에 하나님이 나의 삶 속에서 그 일들을 인도하고 계시는지 분별해 보아야 합니다.

별을 보고 예루살렘을 찾아온 동방박사들은 베들레헴에 태어나신 예수님께 경배했습니다. 동방박사는 몇 명일까요? 성경에는 동방박사가 아기 예수께 황금과 유향과 몰약, 이 세 가지 예물을 드렸다고 되어 있습니다. 그래서 많은 사람이 동방박사는 세 명이었을 거라고 생각합니다. 하지만 명확하게 세 명이라는 말은 없습니다. 무엇보다 중요한 것은 여러 사람이 똑같이 하나를 봤다는 것입니다.

동방박사들은 각기 다른 장소에서 왔습니다. 아마도 이 일은 그들 각자에게 정말 신기한 일이었을 것입니다. 그리고 무엇보다 서로 예루살렘에서 만났을 때 그들은 더 놀랐을 것입니다. 자신과 같은 경험을 한 사람들을 만났기 때문입니다. 그들은 한 곳에서 만났습니다. 그리고 똑같은 일이 자기들 안에서 일어났음을 발견했습니다.

거기서 그들은 '예수 그리스도'를 만났습니다. 다시 말해, 하나님께로 더 가까이 나가게 되었습니다. 예수 그리스도를 만나게 되었습니다. 동방박사들은 함께 그분을 경배하게 되었습니다. 함께 예배하고 함께 경배하는 일들이 일어난 것입니다.

공동체에서 어떤 문제를 가지고 이야기를 나누다가 "하나님이 말씀하시는 것을 들읍시다" 하면서 각자가 본 것을 말할 때가 있습니다.

그러면 놀랍게도 똑같은 부분을 말할 때가 있습니다. 특히 전도여행을 할 때 이런 일들이 더 많이 일어납니다. 정말 신기합니다. 이때 조심해야 할 것은 무엇을 봤다는 사실에 집중해서는 안 된다는 것입니다. 그 일을 통해 하나님을 신뢰해 나가는 것이 중요합니다. 즉 하나님과의 친밀한 관계가 더 중요합니다.

여러 사람이 동시에 같은 것을 보았을 때, 그것을 하나님의 말씀으로 받아들이는 것이 바로 동방박사 원칙입니다. 이것은 팀에서 어떤 일을 결정할 때 사용하는 방법입니다.

:: 도끼머리 원칙

만일 어떤 일들이 혼란 가운데 빠지게 된다면, 그 일에 대해 하나님이 명확하게 말씀하신 때로 돌아가서 다시 시작해야 합니다. 선지생도들이 호숫가에서 일을 하다가 도끼를 빠뜨렸습니다. 그래서 일을 계속할 수 없었습니다. 그 도끼를 찾아야 했습니다. 그러면 그들은 도끼를 빠뜨렸던 그 자리로 가야 합니다. 다시 말해 원점으로 돌아가는 것입니다. 맨 처음에 하나님이 나에게 말씀하셨던 그 자리, 내가 일했던 자리인 원점으로 돌아가야 합니다.

이런 일은 개인의 삶이나 공동체의 삶 가운데서 나타날 수 있습니다. 예수님은 우리에게 천천히 가자고 하시지만 우리는 '부름 받아 나선 이 몸'이라면서 앞만 보고 열심히 가다가 결국 헷갈리기 시작할 때가 있습니다. 그때는 신속하게 제자리로 돌아와 하나님의 음성을 다시 들어야 합니다. 그래서 갈 바를 다시 잡아 나가야 합니다. 그것이 바로 도끼머리 원칙입니다.

## :: 등댓불 원칙

배가 암초들을 피해서 항구에 안전하게 정박하려면, 등댓불이 여러 개 있어야 합니다. 배에서 볼 때는 하나로 보이도록 등대를 여러 개 줄지어 세워 놓습니다. 그것을 따라 쭉 들어가면 배를 안전하게 정박할 수 있습니다. 그것이 바로 등댓불 원칙입니다. 하나님의 응답을 구할 때 모든 사인이 하나가 되게 하는 원칙입니다.

예를 들어, 눈으로 보고 귀로 듣는 모든 지식이나 감정, 사건, 일을 통해 하나님은 우리에게 말씀하십니다. 이런 통로는 모두 등댓불에 해당합니다. 말씀이나 사람, 교회, 혹은 성령의 초자연적인 역사를 통해 하나님이 내게 말씀하시는 것이 일치하는지 보라는 것입니다.

"하나님, 제가 이 자매와 결혼하는 것이 하나님의 뜻입니까?"라고 물어봤는데, 하나의 사인을 받았다고 해봅시다. 그렇더라도 덜컥 그것을 하나님의 뜻으로 결론 내리기보다는, 또 다른 사인을 구하는 것이 좋습니다. 그렇게 해서 모든 사인이 일치하면, 하나님이 주시는 선물로 생각하고 받아들이면 됩니다.

그러나 우리는 대개 너무 다급하게 생각한 나머지 한 가지만을 보고서 열 가지를 생각합니다. 그것이 우리의 문제입니다.

## :: 퍼즐 원칙

한 가지 원칙을 더 말씀드리고 싶은데, 바로 퍼즐 원칙입니다. 이것은 앞에 있는 것과는 좀 다릅니다. 하나의 퍼즐 안에 여러 조각이 나뉘어져 있는데, 이 조각 하나하나 그림이 다 독특합니다. 따로 보면 전혀 다른 그림으로 보이지만, 모두 맞춰 보면 하나의 그림이 나타납니다. 조그마한 퍼즐 하나만 가지고 보면, 자기 나름대로 상상의 나래를 펼 수 있을 것입니다. '이게 뭐지? 해안선인가? 아니면 반달?'

이때 우리는 주변 사람에게 함께 기도하자고 요청할 수 있습니다. 기도를 한 뒤 같이 모여서, 받은 조각을 맞춰 봅니다. "하나님은 제게 이렇게 말씀하셨어요." "저는 기둥을 보았어요." "나는 벽이었는데." 이렇게 말하면서 조각을 맞추다 보면 나중에는 코끼리가 나타납니다. 각자에게 하나님이 말씀하신 것을 모아 하나의 온전한 그림을 이루는 원리입니다.

하나님은 자주 이렇게 일하십니다. 어떤 공동체에서, 하나님이 뭐라고 말씀하시는지 한 사람씩 얘기하게 했습니다. 그런데 각자 다른 이야기를 했습니다. 하지만 이를 조각 퍼즐 맞추듯 하나씩 맞춰 보니까, 전체를 통해 하나님이 말씀하시는 것이 있었습니다. 이런 일들은 우리 가운데 아주 많이 일어납니다. 각자 하나님의 음성을 듣고 모아 보면, 하나님이 뭐라고 말씀하시는지 알 수 있습니다. 이것이 하나님의 음성을 분별하는 여러 가지 방법입니다.

## :: 하나님께 물으며 살라

하루아침에 하나님의 음성을 분별할 수는 없습니다. 하지만 이러한 일들을 계속 경험하면서 '아, 저렇게 해 나가면 되겠구나!'라면서 하나하나 깨달아 나가게 됩니다. 그래서 우리는 주님께 묻는 훈련을 자꾸 해야 합니다.

눈으로 보고 듣고 생각하는 모든 것을 대할 때마다 주님께 "주님, 이것은 무엇입니까?"라고 물으면, 성령님이 우리 영혼 가운데 말씀하기 시작하십니다. 그러면 우리는 말씀과 성품, 나타난 결과들을 통해 하나님의 음성을 분별하게 됩니다. 퍼즐처럼 맞춰 보기도 하고 혼자 원점으로 돌아가서 다시 확인하기도 하고 여러 지체들과 나누기도 하고, '양털 시험'처럼 여러 가지 시험도 해보면서 말씀을 분별하는 것입니다.

무엇보다 하나님 앞으로 가까이 나아가 그분과 친밀한 관계를 회복하는 데 초점을 두어야 합니다. 가장 좋은 방법은 보고 듣고 느끼는 이 모든 것에 대해 하나님께 자꾸 묻고, 그 질문에 대하여 하나님이 뭐라고 말씀하시는지 듣는 것입니다. 예배 시간에 설교를 듣거나 찬송할 때, 그리고 말씀을 읽을 때 하나님은 끊임없이 우리에게 말씀하십니다.

말하거나 듣지 못하는 사람을 우리는 언어장애자라고 합니다. 하나님의 음성을 듣지 못하는 사람도 마치 언어장애자 같습니다. 하나님께 질문을 던지고 성경을 보면 "그것은 이것이다"라고 말씀해 주십니다. 그런데 우리 안에는 "하나님! 그거 말고 뭐 다른 거 없어요?" 하는 욕심이 있습니다. 이 때문에 우리가 하는 모든 일의 기본 원칙은 하나님과의 관계에 있습니다. 우리 마음의 중심에 성령님이 계시는지 살펴보십시오. 이것을 성령님의 기름부으심이라고 말합니다. 성령님이 우리에게 임하시면 눈먼 자가 눈을 뜨고 벙어리가 말을 하게 될 거라는 말씀이 바로 그것입니다.

# 8장 묵상을 통해 하나님의 음성을 들을 때

이제, 묵상을 통해서 하나님의 음성을 듣는 법에 대해서 나눠 보겠습니다. 하나님의 음성을 듣고자 할 때, 여러분은 어떻게 하십니까? 여러분은 언제 어떻게 하나님의 음성을 듣습니까? 어떤 사람은 예배 중에 하나님의 음성을 들을 수 있습니다. 어떤 사람은 기도 중에 하나님의 음성을 들을 수 있습니다. 하나님의 음성을 듣는 방법은 정말 다양합니다.

그러나 가장 신뢰할 수 있는 것은 말씀을 통해 하나님의 음성을 듣는 것입니다. 말씀을 통해 하나님의 음성을 듣는 훈련이 되면, 일상에서도 자연스레 하나님의 음성을 들을 수 있게 됩니다.

## 들어도 듣지 못하는 영적 청각장애

성경말씀을 통해 하나님의 음성을 듣는 것과 관련해서 제게는 늘 안타까운 마음이 있습니다. 하나님의 말씀인 성경을 읽고 연구하고 묵상하면서도 끝까지 하나님의 음성을 듣지 못하는 성도가 한국 교회 안에 너무 많기 때문입니다. 말씀에서 하나님을 만나 본 적이 없고 그분이 어떤 분인지도 모르면서 오랜 신앙연륜과 직분, 집안 대대로 충성 봉사한 것만을 자랑하는 이들을 봅니다. 이들을 어떻게 도와야 할지, 저는 안타까움을 느낍니다.

사실 이러한 성도는 이천 년 전에도 존재했습니다. 예수님이 이 땅에 계셨을 때의 유대인들도 하나님의 말씀을 엄청나게 읽으면서 연구하고 매달렸습니다. 예수님도 그 열심만은 인정하실 정도였습니다.

> 너희가 성경에서 영생을 얻는 줄 생각하고 성경을 연구하거니와 요 5:39

특히 율법사나 서기관, 바리새인은 타의 추종을 불허하는 열성적인 '말씀광(狂)'이었습니다. 하지만 그들은 하나님의 음성을 들을 줄 몰랐습니다. 율법을 연구하면서도 정작 그 율법의 의미가 무엇인지, 그것을 통해 말씀하시는 하나님이 어떤 분이신지 전혀 몰랐습니다.

요한복음 8장에는 예수님이 성전에서 백성을 가르치시는 장면이 나옵니다. 이때 서기관과 바리새인들이 음행 중에 잡힌 여자를 끌고 와서 예수님 앞에 세우고 이렇게 말했습니다.

> 선생이여 이 여자가 간음하다가 현장에서 잡혔나이다 모세는 율법에 이러한 여자를 돌로 치라 명하였거니와 선생은 어떻게 말하겠나이까 요 8:4-5

그들이 원한 것은 예수님을 고소할 빌미를 잡는 것이었습니다. 하지만 예수님은 묵묵히 몸을 굽혀 손가락으로 땅에 무언가를 쓰셨습니다. 예수님이 아무런 반응을 보이지 않자, 서기관과 바리새인들은 "지금 뭐하는 겁니까? 어서 우리의 질문에 대답하시오"라며 채근했습니다. 그러자 예수님은 입을 열어 폭탄 같은 한마디를 던지십니다.

> 그들이 묻기를 마지아니하는지라 이에 일어나 이르시되 너희 중에 죄 없는 자가 먼저 돌로 치라 하시고 요 8:7

즉, 이런 말입니다. "좋소. 이 여자를 돌로 치시오. 단, 털끝만큼도 죄를 짓지 않은 사람, 털어서 먼지 하나 안 나는 사람부터 나오시오." 그러고는 다시 몸을 굽혀 땅에 글을 쓰셨습니다. 그러자 놀랍게도 어른부터 젊은이에 이르기까지 모든 사람이 돌아가 버리고 말았습니다(요 8:9). 어떻게 이런 일이 벌어진 것일까요? 그토록 기세등등하게 예수님을 몰아붙이던 자들이 어떻게 한순간에 꼬리를 내리고 도망친 것일까요?

그들은 예수님의 말씀을 통해 양심을 찌르는 하나님의 음성을 들었습니다. 수도 없이 읽고 암송했던 '죄 없는 자가 먼저 돌로 치라'는 율법을 그제야 하나님의 음성으로 들은 것입니다. 그리고 자신이 죄인이라는 것을 깨닫게 되었습니다. 우리도 설교 시간이나 성경공부 시간, 묵상 모임에서 숱하게 말씀을 듣습니다. 그러나 그것을 하나님의 음성으로 받지 못합니다. 이 얼마나 안타까운 모습입니까? 평생 열심히 성경을 사랑하고 연구하는데, 그것을 살아 계신 하나님의 말씀으로 듣지 못하다니 말입니다.

바리새인과 서기관들은 율법에 목숨을 건 사람들이었습니다. 그러나 그것을 통해 하나님을 만나지 못했습니다. 예수님도 유대인들을 보며 안타까워하셨습니다. 비록 그들은 성경에 통달했지만, 그들 곁에 찾아온 하나님인 예수님의 음성을 전혀 듣지 못했습니다.

> 어찌하여 내 말을 깨닫지 못하느냐 이는 내 말을 들을 줄 알지 못함이로다
> 요 8:43

성경말씀을 통해 하나님의 음성을 듣는 것은 중요한 일입니다. 늘 듣던 말씀이라도 그것이 주님의 음성으로 들리는 순간, 살아 계신 하나님을 만나고 경험하게 될 것입니다.

## :: 묵상 가운데 말씀하시는 하나님

묵상으로 하나님의 음성을 듣는 것은 하나님의 말씀에 대한 믿음에서 출발합니다. 여러분은 성경이 하나님의 감동으로 기록되었음을 믿으십니까? 사람들이 성령의 감동을 받아 하나님이 들려주시는 말씀을

그대로 기록했다는 사실을 믿고 인정하느냐는 말입니다. 바로 그 때문에 성경을 읽을 때 우리 속사람이 성령의 감동을 경험하게 되는 것입니다.

물속에 들어가면 저절로 물에 젖어 잠기게 됩니다. 그처럼 말씀을 접하게 되면 충만한 성령의 감동 속으로 들어가게 됩니다. 그래서 자연스레 속사람이 성령의 감동을 받게 됩니다. 말씀 묵상을 통해 하나님의 음성을 듣는 것도 바로 이 성령의 감동을 말하는 것입니다.

성령의 감동으로 성경을 기록한 사람들도 모두 하나님의 음성을 들었습니다. 요한계시록을 기록한 사도 요한은 밧모섬에서 하나님의 말씀을 받을 때의 장면을 이렇게 묘사합니다.

> 주의 날에 내가 성령에 감동되어 내 뒤에서 나는 나팔 소리 같은 큰 음성을 들으니 1:10

> 이 일 후에 내가 보니 하늘에 열린 문이 있는데 내가 들은 바 처음에 내게 말하던 나팔 소리 같은 그 음성이 이르되 이리로 올라오라 이후에 마땅히 일어날 일들을 내가 네게 보이리라 하시더라 내가 곧 성령에 감동되었더니 보라 하늘에 보좌를 베풀었고 그 보좌 위에 앉으신 이가 있는데 4:1-2

구약성경의 에스겔 선지자도 하나님을 만난 순간을 이렇게 기록합니다.

갈대아 땅 그발 강가에서 여호와의 말씀이 부시의 아들 제사장 나 에스겔에게 특별히 임하고 여호와의 권능이 내 위에 있으니라 겔 1:3

이렇게 성경은 성령의 감동을 받은 사람이 하나님께 받은 말씀, 그가 들은 하나님의 음성을 기록한 책입니다.

예언은 언제든지 사람의 뜻으로 낸 것이 아니요 오직 성령의 감동하심을 받은 사람들이 하나님께 받아 말한 것임이라 벧후 1:21

모든 성경은 하나님의 감동으로 된 것으로 교훈과 책망과 바르게 함과 의로 교육하기에 유익하니 딤후 3:16

그 때문에 우리는 성경을 읽는 것만으로도 오래전에 성경 기자가 경험한 성령의 감동을 동일하게 경험할 수 있습니다. 그렇다면 어떻게 해야 이런 성령의 감동을 경험할 수 있을까요? 거룩한 영이신 성령의 감동을 어디서, 어떻게 경험할 수 있을까요?

여러 가지 방법이 있겠지만, 저는 하나님의 말씀과 신앙 공동체를 통해 경험하는 것이 가장 근본적이고 건강한 길이라고 믿습니다. 복음을 들어 본 적 없는 미전도 종족은 성령의 감동을 경험하지 못합니다. 하나님의 말씀이 전해지지 않은 곳에 사는 사람은 성령의 감동을 경험할 수 없습니다.

성령의 감동을 경험하는 가장 보편적이고 근본적인 방법은 '기록된 하나님의 말씀'을 통하는 것입니다. 그러므로 하나님의 음성을 듣기 원한다면, 즉 성령의 감동을 받고 싶다면 기록된 하나님의 말씀인 성경을 묵상해야 합니다. 다른 것이 아니라 기록된 말씀을 통해 성령의 감동을 경험하려고 노력해야 합니다. 성령의 감동은 곧 하나님의 음성을 듣는 것입니다.

또한 묵상은 말씀 속에서 하나님을 경험하도록 우리를 도와줍니다. 묵상은 말씀을 통해 하나님을 만나는 것입니다. 누구든지 하나님을 만나면 그분과 교제하며 그 음성을 들을 수 있기 때문입니다. 이것이 바로 하나님을 알아 가는 것입니다.

말씀에 기록된 하나님의 성품과 사역을 통해 그분이 어떤 분인지를 경험할 때, 우리의 영은 하나님의 음성을 듣고 그분과 교통하기 시작합니다. 이때 우리는 내가 어떻게 살아야 할지 알게 될 뿐 아니라 마음의 상처가 치유되고, 그분의 깊은 사랑을 맛보아 알게 됩니다.

이것이 바로 하나님의 음성을 듣는 것입니다. 무엇을 선택해야 할지, 미래가 어떻게 될지 알아보는 것이 아닙니다. 하나님의 음성을 듣는 것은 영이 생명을 얻는 것입니다. 하나님의 구원과 성품과 사역을 경험하는 것입니다. 그분의 만져 주심과 치유를 경험하며, 속사람 가운데 하늘의 생기가 흘러 들어오는 것입니다.

오직 그럴 때에만 '변화된 삶'이라는 열매가 자연스럽고 분명하게 드러납니다. 말씀 묵상한 내용을 적용하기가 힘들고 어렵습니까? 큰맘 먹고 애쓰고 노력해야 겨우 시늉이라도 할 수 있습니까? 그렇다면 성경과 관련된 '정보'를 전달받았을 뿐, 하나님의 음성으로 받지 못한 것임을 깨달아야 합니다. 물론 말씀을 적용할 때는 자신의 의지로 결정하고 노력해야 하는 부분이 있습니다.

하지만 묵상 중에 말씀을 하나님의 음성으로 들은 사람은 호흡하듯 자연스럽게 그 내용을 적용할 수 있습니다. 저는 이것이 하나님의 음성을 듣는 것이라 믿습니다.

:: 묵상 본문을 임의로 선택하려고 한다면

대부분 경우, 정기적인 묵상을 통해 하나님의 음성을 듣습니다. 저도 그렇게 하는 것이 가장 모범적이라고 생각합니다. 지속적으로 이어지는 성경 본문을 묵상하면 그 말씀의 흐름과 성령의 감동도 강물처럼 연결되어, 오해나 임의로 해석하는 실수를 줄일 수 있기 때문입니다. 앞 장에서 하나님의 음성을 잘못 들었다 해도, 뒤에서 다시 확인하면 됩니다. 그래서 저는 늘 말씀의 흐름을 따라 묵상하는 가운데 하나님의 음성을 들으라고 권면합니다. 하지만 본문을 임의로 선택해서 하나님의 음성을 들어야 할 경우도 있습니다. 우연히 들은 설교의 본문을 묵상할 때도 있고, 지나가다 눈에 띈 말씀을 묵상할 때도 있습니다. 또한 하나님이 직접 우리 마음 가운데 특정 본문이나 구절을 떠오르게 하셔서 묵상하는 경우도 있습니다.

저는 이 모든 경우를 인정합니다. 하지만 이럴 때는 말씀을 임의로 해석하고 적용하지 않도록 주의할 것을 권면합니다. 달랑 한 구절만 뽑아내서 자신의 상황에 맞추거나 문자 그대로 해석해서 멋대로 적용하는 것은 매우 위험합니다. 말씀을 다루려 하지 말고, 말씀이 나를 주장하게 하십시오. 어떤 상황에서 말씀을 받았는지 살펴보고, 본문의 배경이 되는 상황과 그 말씀의 의미를 파악해 보시기 바랍니다.

묵상을 기록하는 부분에서 나눈 것처럼, 모든 말씀은 특정한 상황을 기반으로 기록되어 있습니다. 하나님은 바로 그 상황 속에서 말씀하십니다. 그러므로 성경 본문을 임의로 선택하거나 한두 구절만 묵상해야 할 때 그 말씀의 상황 속에서 하나님의 음성을 들어야 합니다.

그리고 이런 경우에 필요한 또 하나의 안전장치는, 꾸준히 말씀을 묵상하면서 '하나님을 아는' 지식을 축적하는 것입니다. 누군가의 말을 오해하는 대부분의 이유는, 상대방을 잘 모르기 때문입니다. 하나님과의 대화도 마찬가지입니다. 하나님의 음성을 듣기 원한다면, 말씀과 순종을 통해 그분을 아는 지식을 쌓아갈 것을 권합니다. 하나님이 어떤 분이신지 아는 것이 먼저입니다. 하나님을 아는 것에 집중한다면, 그분의 음성을 듣는 것은 자기도 모르는 사이에 선물처럼 자연스럽게 주어질 것입니다.

그러므로 하나님과 친밀한 관계를 맺지 않았거나 아직 그분을 알아 가는 과정을 거치고 있는 사람은, 임의로 본문을 선택해서 그분의 음성을 들으려 하지 않는 것이 좋습니다. 그런 사람들은 영적으로 성숙한 지도자나 권위자, 소그룹이나 공동체에 도움을 요청하고 함께 기도하는 것이 더 지혜로운 방법이라고 생각합니다.

개인 묵상과 말씀 연구, 신앙의 선배들과 함께하는 훈련을 통해 꾸준히 하나님을 경험하다 보면, 그분을 만나고 음성을 듣는 것이 명확하고 쉬워질 것입니다. 그때에는 임의로 본문을 정하든 정기적인 묵상 스케줄을 따르든 아무런 문제가 되지 않습니다. 자신의 목자를 알고 그 음성을 아는 양은 다른 데로 가지 않을 것이기 때문입니다(요 10:1-5).

## :: 임의로 선택한 본문으로 하나님 음성을 들을 때

아직 충분히 훈련이 되지 않았음에도 임의로 선택한 본문으로 하나님의 음성을 들어야 한다면, 다음과 같은 사항을 기억하기 바랍니다.

**본문을 선택할 때**

하나님의 음성을 듣는 것은 자신의 복과 성공을 위해 길흉화복을 점치고 미래를 내다보는 '샤머니즘'이 아닙니다. 우리가 하나님의 음성을 듣는 것은, 우리 자신의 복과 성공을 위해서가 아니라 하나님을 알고 그분에게 영광 돌리는 삶을 살기 위한 것입니다. 임의로 본문을 선택해서 하나님의 음성을 듣기 원한다면, 먼저 그렇게 하려는 마음속 동기가 무엇인지 분별해 볼 필요가 있습니다.

기분에 따라 즉흥적으로나 필요에 맞게 의도적으로 본문을 택하는 것, 성경을 무작정 펼쳐서 눈에 들어오는 구절을 묵상하는 식의 행동은 모두 동기가 잘못 되었음을 보여 주는 증거입니다.

그러므로 본문을 선택할 때는 먼저 정확한 의미와 배경, 상황을 파악하고 자신이 처한 문제나 상황과 같거나 유사한 내용을 찾으십시오. 성경 사전이나 주석을 참고하는 것이 좋고, 혼자 힘으로 하기 어렵다면 목회자나 영적 지도자의 도움을 얻는 것이 좋습니다.

또한 한두 구절이나 단어는 피하고 전후문맥을 고려하여 단락이나 장 단위로 고르는 것이 좋습니다. 그렇게 할 경우 문맥이나 성경의 의도를 무시한 해석을 피할 수 있습니다. 부득이하게 몇 구절만 묵상해야 한다면, 관주 성경을 사용하여 본문의 정확한 의미를 이해한 뒤에 하나님의 음성을 듣는 것이 좋습니다.

### 선택한 본문으로 하나님의 음성을 들을 때

무엇보다 중요한 것은 평소 정기적으로 성경을 읽고 묵상하는 삶을 사는 것입니다. 이것이 기반이 되어야만 올바른 말씀을 선택하고 하나님의 음성을 들을 수 있기 때문입니다. 시간과 에너지를 드려 말씀 묵상의 삶을 살기로 지금 결단하십시오. 또한 자신이 연약한 존재라는 것을 인정하고 묵상에 임할 것을 권합니다. 자신이 원하는 대로 하나님의 뜻을 합리화하거나 조작할 수 있다는 사실을 인정하라는 말입니다. 그러므로 묵상한 내용이 만족스럽지 않다 해도 겸손하게 인정하며 받아들일 수 있어야 합니다. 원하는 결과를 얻을 때까지 계속 본문을 바꿔서 묵상하는 것은 진정으로 하나님의 뜻을 구하는 사람의 마음가짐이 아닙니다.

또한 급하게 서두르지 마시기 바랍니다. 충분한 시간을 갖고 기도하며 하나님의 음성에 귀 기울이십시오. 국제 예수전도단의 영적 어머니인 조이 도우슨 여사도 '급하게 결정하도록 몰아붙이거나 조급하게 하는 것은 하나님의 음성이 아닐 가능성이 높다'고 말합니다.

> 만일 우리가 보지 못하는 것을 바라면 참음으로 기다릴지니라 이와 같이 성령도 우리의 연약함을 도우시나니 우리는 마땅히 기도할 바를 알지 못하나 오직 성령이 말할 수 없는 탄식으로 우리를 위하여 친히 간구하시느니라 마음을 살피시는 이가 성령의 생각을 아시나니 이는 성령이 하나님의 뜻대로 성도를 위하여 간구하심이니라 롬 8:25-27

> 그런즉 내 형제들아 예언하기를 사모하며 방언 말하기를 금하지 말라 모든 것을 품위 있게 하고 질서 있게 하라 고전 14:39-40

### 하나님의 음성을 들었다면

임의로 선택한 본문으로 묵상을 하는데 하나님이 어떤 생각이나 마음을 주셨다 해도, 무분별하게 받아들이지 말고 이를 분별하는 시간을 따로 갖기 바랍니다. 분별할 때의 기본적인 원칙은 앞에서 나눈 하나님의 음성을 듣는 방법을 참고하면 됩니다.

다만 이런 경우에는 그동안 들었던 설교나 읽었던 책의 내용, 다른 사람과 대화했던 것과 동일한 메시지가 아닌지 따져 볼 필요가 있고, 혼자 분별하는 것보다는 신뢰할 만한 영적 지도자나 소그룹을 찾아가 도움을 받는 것이 좋습니다. 또한 하나님의 음성을 들었다고는 생각되지만 확신이 서지 않고 혼란스럽기만 할 뿐이라면, 겸손히 내려놓고 그냥 잊어버리는 것도 합당하다고 생각합니다.

"**각 사람의** 심령 가운데 계신 성령님! 이제 각 영혼들의 생각과 보는 것과 말하는 것과 듣는 것과 감정의 모든 영역까지 그 눈을 열어 주시고 보게 하여 주시옵소서. 그래서 이제는 세상이 보여 주는 것을 보고 세상이 말하는 것을 듣는 것이 아니라, 주님이 우리 가운데 말씀하시는 것을 듣게 하옵소서. 이것이 우리의 삶을 변화시킬 것을 믿습니다. 이 일들을 통해서 하나님 나라가 이루어질 것을 믿습니다. 하나님, 이 시간 주님의 놀라우신 은총을 힘입어 간구하오니 우리를 성령의 기름부으심으로 충만케 해주시옵소서. 주님, 우리가 주님을 알기를 소망하고 주님과 마음을 나누기를 소망하고 주님과 더 친밀해지기를 원합니다. 친구처럼, 한 가족처럼 친밀하게 주님과 더 깊은 삶을 나누기를 원합니다. 계속 우리를 인도해 주시옵소서. 예수님의 이름으로 기도드립니다. **아멘.**"

**맺는 글**
# 묵상은 살며(live), 행하는(do) 것입니다

모든 그리스도인은 세상을 변화시켜야 하는 사명을 갖고 있습니다. "세상을 변화시킨다"라는 말이 너무 거창해서 허황하게 들리기도 하지만, 사실 이것은 바로 곁에 있는 사람을 변화시키는 것에서부터 시작됩니다. 하지만 문제는 우리의 신앙이 다른 사람에게 별로 영향력을 미치지 못한다는 사실입니다.

정말 우리같이 평범한 사람의 신앙고백으로 누군가가 예수님을 믿게 될 수 있을까요? 그저 자신의 삶을 나누는 것만으로 연약한 지체들이 새롭게 믿음을 고백하고 결단하는 일이 일어날 수 있을까요? 그것이 정말 가능한 일이겠습니까?

저는 가능하다고 믿습니다. 여러분이 누구이든, 어떤 상황에 있든 그렇게 될 수 있습니다. 단, 조건이 하나 있습니다. 스스로 먼저 변화되어야 합니다. 하나님의 말씀으로 삶이 뒤집어지는 변화를 경험해야 합니다. 그럴 때에만 우리 삶의 간증, 입술의 고백이 다른 사람을 변화시키는 능력이 될 수 있습니다. "성경에는…라고 기록되어 있습니다. 하나님은…하신 분이라고 합니다"라는 지식이 아니라, "말씀에 순종하니…하게 되었습니다. 하나님이 제게…라고 말씀하셨습니다"라는 체험된 삶의 고백이 필요한 것입니다.

혹시 당신에게도 이런 영적 목마름이 있습니까? 예배나 성경공부, 묵상의 자리가 아닌 삶의 현장에서 주님을 경험하고픈 목마름을 갖고 있습니까? 영성 훈련과 세미나, 부흥회를 통해 받은 놀라운 은혜들이 삶으로 이어지지 않는 현실이 안타깝지 않습니까?

변화를 갈망하며 몸부림치는 그리스도인이라면 누구든지 그럴 것입니다. 하지만 안타까운 것은 살아 계신 하나님의 말씀을 가졌음에도 이런 목마름과 안타까움 속에 머물러 있다는 사실입니다. 이것은 마치 우물가에서 목말라 하는 것과 같습니다. 그 우물이 너무 깊어 보여서 감히 두레박을 던져 물을 길어올릴 엄두조차 나지 않습니다.

말씀의 깊은 우물에서 물을 길어내는 것이 바로 묵상입니다. 여호와의 율법을 즐거워하여 그 율법을 주야로 묵상하는 자는 시냇가에 심은 나무가 시절을 좇아 과실을 맺으며 그 잎사귀가 마르지 아니함 같이 그 행사가 다 형통할 것입니다(시 1:2-3).

바로 그 하나님의 말씀이 우리에게 있습니다. 우리는 언제든지 그 말씀을 묵상할 수 있습니다. 하나님의 말씀을 묵상한다고 우리를 구속할 사람은 아무도 없습니다. 하나님은 우리가 시냇가에 심은 나무처럼 시절을 좇아 과실을 맺는 삶을 살 수 있게 하셨습니다. 그리고 그것을 통해 우리 곁의 사람들을 변화시키고 더 나아가 세상을 바꾸기 원하십니다.

그러므로 생각에 머물고 말로 끝나는 것은 온전한 묵상이라 할 수 없습니다. 묵상은 각자의 일상에서 종일 계속되며, 때마다 순간마다 구체적인 순종으로 이어질 때 비로소 완성됩니다. 배우는 것이 아니라 '사는' 것이며, 생각하는 것이 아니라 '행동하는' 것입니다.

묵상은 하나님을 알아 가고 그분을 닮아 가는 영적 성장의 시작입니다. 영적 성장을 이루는 가장 대표적인 길이 묵상이라는 말입니다. 바로 그 길의 끝에서 우리는 주님을 "얼굴과 얼굴을 대하여" 보게 될 것입니다. 지금은 거울로 보는 것 같이 희미하고 일부분만 보이지만, 그 길의 끝에서 주님이 나를 아시는 것처럼 온전히 주님을 알게 될 것입니다(고전 13:12).

이 귀한 축복의 여정을 멈추지 마십시오. 하나님 말씀을 즐거워하며 그분을 알아 가기를 사모하십시오. 온 세상이 깃들어 쉼을 얻고 풍성한 열매를 얻는 시냇가의 나무로 살아 가기를 꿈꾸십시오. 묵상하는 삶이 바로 그 시작입니다. 그 축복의 자리에 여러분을 초대합니다.

부록
# 묵상과 관련된 Q&A

말씀 묵상 강의를 하면서 자주 받는 질문이 있습니다. 비슷한 질문을 자주 받는다는 것은, 그런 궁금증을 가진 사람이 많다는 이야기일 것입니다. 그런 질문을 몇 가지 정리해 보겠습니다.

**Q** 본문의 객관성과 개인의 주관성을 어떻게 균형 잡아야 합니까?

**A** 하나님의 말씀은 그것을 읽고 묵상하는 사람의 마음과 영에 큰 영향을 끼칩니다. 그 영향력은 "혼과 영과 및 관절과 골수를 찔러 쪼개기까지 하며 또 마음의 생각과 뜻을 판단하나니"(히 4:12)라고 표현될 정도입니다. 그래서 말씀을 읽거나 묵상하면 그 내용이 객관적인 정보로 영과 마음에 입력되는 동시에, 그에 대한 주관적인 내면의 반응을 일으킵니다. 이런 느낌이나 생각 자체가 하나님의 뜻이나 음성인 것은 아닙니다. 그러나 자신도 모르는 내면의 문제를 성경이 파헤치고 드러낸 것일 확률이 높기 때문에 이를 잘 살펴봐야 합니다. 그래서 저는 주관적인 해석과 적용이 성경적인 묵상의 필수 요소라고 생각합니다.

물론 말씀에는 하나님의 뜻을 계시하는 기능도 있기 때문에, 객관적이고 정확한 관찰과 해석이 필요합니다. 텔레비전 드라마를 보면, 주인공들이 벌이는 사건들은 실타래처럼 뒤엉켜집니다. 그래서 작가가 무슨 이야기를 하려는 것인지 알아채기 어렵습니다. 하지만 횟수가 거듭될수록 복잡한 요소들이 하나의 메시지로 귀결되는 것을 보게 됩니다.

이와 마찬가지로, 성경말씀 또한 본문을 구성하고 있는 상황과 언어, 역사, 문화, 지리, 문학적 요소 등을 꼼꼼히 따지고 객관적으로 연구해야 그 안에 담긴 하나님의 메시지를 깨달을 수 있습니다. 말씀에 대한 자신의 주관적인 반응에 대해 하나님이 뭐라고 말씀하시는지, 내가 어떻게 하기 원하시는지를 객관적으로 판단하고 분별할 수 있는 기준은 바로 본문의 객관적인 메시지입니다.

이렇게 본문의 객관성과 개인의 주관성은 묵상하는 사람을 하나님의 세계, 즉 영적인 세계로 인도하는 수레바퀴와 같습니다. 깊이 있는 묵상은 하나님이 일하시는 현장 속으로 들어가는 것입니다. 객관적 정보에 따라 구성된 하나님의 세계, 하나님이 다스리고 역사하시는 세계, 등장인물의 삶과 사건 속으로 들어가 그 현장을 주관적으로 경험하는 것입니다.

객관성이 없다면 마음대로 상상하거나 이야기를 만들어 낼 수밖에 없습니다. 또한 주관적인 부분을 배제한다면, 영과 혼과 마음을 만지시는 하나님의 역사를 경험할 수 없습니다. 둘 다 반쪽짜리 묵상일 뿐입니다. 그러므로 정확한 말씀의 상황과 배경 속에서 성령의 감동과 하나님의 인도하심에 따라 자유롭게 반응하면 됩니다. 이것이 본문의 객관성과 개인의 주관성을 균형 잡는 묵상입니다.

**Q** 관상기도와 묵상은 어떻게 다릅니까?

**A** 솔직히 저는 관상기도를 배운 적이 없습니다. 이 책의 초판을 쓸 때에도 그런 용어를 들어 보지 못했습니다. 관상기도를 알게 된 것은, 이 책의 초판을 읽은 어떤 분에게서 제가 말하는 묵상이 관상기도와 매우 비슷하다는 이야기를 들었을 때였습니다. 그리고 말씀을 통해 하나님을 경험하는 방법을 관상기도보다 훨씬 알기 쉽게 설명한 것 같다고 하셨습니다. 그때부터 저는 관상기도에 대한 자료를 찾아 살펴보기 시작했습니다.

관상기도는 요즘 많이 알려진 '렉시오 디비나'(LECTIO DIVINA)에서 출발한 것으로 생각됩니다. '성독'(聖讀)이나 '거룩한 독서', 아니면 그냥 렉티오 디비나로 불리고 있는 관상기도는, '읽기(lectio), 묵상하기(meditatio), 기도하기(oratio), 관상하기(contemplatio)'의 네 단계로 이루어져 있습니다. 간단하게 말하자면, 사다리를 타고 하늘에 오르는 것처럼 성경을 읽으면서 마음에 와 닿는 말씀이 마음에 새겨지도록 묵상한 뒤, 그중 내면의 반응을 일으키는 말씀으로 성령의 인도를 따라 기도하는 것입니다. 그리고 마지막으로 사다리에 올라, 변화산에서 예수님의 세 제자가 했던 특별한 영적 경험을 하는 것입니다. 그 마지막 단계가 바로 관상기도입니다.

관상기도를 소개해 주셨던 분의 말씀대로 제가 말하는 묵상과 관상기도는 비슷한 것처럼 보이지만, 결정적으로 다른 점이 있습니다. 그것은 '주체가 누구냐'와 '하나님을 어떻게 경험하느냐'의 문제입니다.

저는 하나님의 말씀을 읽을 때, 하나님과 말씀을 읽는 사람이 영으로 만나게 된다고 믿습니다. 그것이 바로 제가 생각하는 묵상입니다. 하나님의 감동으로 기록되었기 때문에, 불신자라 하더라도 성경을 읽으면 하나님과의 영적 만남이 일어납니다. 그러므로 제가 나누는 묵상은 철저히 말씀 가운데 임하시는 하나님의 영의 감동으로 시작됩니다. 이것을 거절하거나 무시하면 누구도 묵상할 수 없습니다.

하지만 제가 볼 때 관상기도는 이성과 정신, 혹은 상상력을 적극적으로 사용해서 성경을 읽고 숙고하는 것을 기반으로 하고 있습니다. 다시 말해, 묵상하는 주체가 하나님이 아니라 성경을 읽는 사람, 바로 '나'라는 말입니다(물론 관상기도의 단계에 이르면 사람은 철저히 수동적이 되고, 하나님이 능동적으로 역사하신다고 합니다).

그리고 관상기도는 하나님을 경험하는 '영적 신비'에 초점을 두지만, 제가 나누는 묵상은 성경을 통해 말씀의 현장에 계시는 하나님을 만나는 데 초점이 있습니다. 이 모든 것은 말씀 속에 충만히 거하시는 성령의 감동을 통해 이루어집니다. 사람이 이해하고 분석하며 상상해서 만들어 내는 것이 결코 아니라는 말입니다. 철저하게 말씀이 주체가 되고, 사람은 그것에 반응할 뿐입니다.

관상기도처럼 영의 차원에서만 하나님을 만나는 것이 아닌, 한 사람의 온전한 인격으로 하나님을 경험하는 것입니다. 그러므로 이런 말씀 묵상은 관상기도와 같은 신비 체험이 아닌, 삶 가운데 실제로 벌어지는 사건입니다.

**Q 목사님은 어떤 순서에 따라 묵상하십니까?**

**A** 묵상하는 데 정해진 방법은 없다고 생각하지만, 이런 질문을 여러 번 받으면서 매뉴얼의 필요성을 느끼게 되었습니다. 그래서 부족하지만 나름대로 정리한 것을 소개합니다.

1) 찬양과 감사의 시간을 가지라

찬양과 감사는 우리를 현재의 자리에서 하나님이 계신 곳으로 나아가게 합니다. 여러 가지 이유로 마음이 복잡할 때는 하나님께로 나아가기는커녕 입을 떼는 것조차 힘들 수 있습니다. 하지만 그럴 때라도 있는 모습 그대로 하나님께 올려드리고 반응하기 위해 애써야 합니다.

2) 성령의 인도를 구하라

묵상은 타문화권을 여행하는 것과 같습니다. 그러므로 내 상황과 말씀의 현장 양쪽을 다 아시는 성령께 묵상이라는 여행의 가이드가 되어 달라고 간구하십시오.

3) 본문을 읽으라

성경을 펴서 본문을 찾아 읽습니다. 이때 필요한 것은 지금 이 자리에 하나님이 함께하고 계신다는 믿음입니다. 가능하면 작게라도 소리 내어 읽고, 순간적으로 마음에 와 닿는 부분을 메모해 둘 수 있게 필기도구를 곁에 두십시오.

4) 본문을 두세 문장으로 요약하라

앞에서 설명한 것처럼 본문이 무엇을 말하고 있는지 살펴보는 단계입니다. 내가 원하는 것이 아니라 성경이 말하고 있는 것에 주목하는 것입니다. 또한 그 가운데 하나님이 말씀하시는 것도 들을 수 있습니다.

5) 참고자료를 활용하라

어려운 단어나 문장, 배경, 상황에 대한 정보는 성경 사전이나 주석을 통해 얻을 수 있습니다. 말씀의 상황을 먼저 이해해야 묵상할 수 있습니다. 이런 과정을 통해, 내가 볼 말씀의 상황이 열리는 것을 경험하게 됩니다.

6) 하나님과 교제하라

본문 중에서 특별히 마음에 와 닿는 부분을 놓고 하나님과 교제하면서, 그분이 주시는 말씀과 마음을 기록하십시오. 그리고 하나님이 주신 것에 대한 자신의 반응도 살펴보십시오. 깨달음이든, 죄책감이든, 아이디어든, 의지적 결단이든 상관없습니다(물론 아무 반응이 없을 때도 있습니다).

7) 본문의 현장으로 나아가라

깊은 묵상으로 나아가는 단계이기에, 지속적인 훈련과 연습이 필요합니다. 모든 분이 다 할 수 있는 것은 아니라고 생각합니다. 이것은 성령의 인도를 따라 말씀의 현장으로 들어가, 역사하시는 하나님을 경험하는 것입니다.

8) 묵상한 바를 적용하라

하나님이 말씀하신 것을 삶에 적용할 뿐 아니라, 그 말씀을 통해 하나님과 동행하는 것입니다. 하나님과 동행하는 삶보다 더 훌륭한 묵상 적용은 없습니다.

9) 온종일 하나님과 교제하라

묵상한 내용을 온종일 매 순간 되새기며 하나님과 대화하도록 노력하십시오. 이것이 바로 참된 묵상입니다. 잠자리에 들 때는 찬양과 감사, 회개의 시간을 갖고, 다음 날의 새로운 은혜를 기대하십시오.

**Q 말씀 묵상을 설교에 어떻게 적용합니까?**

**A** 주로 목회자들이 자주 하는 질문입니다. 실제로 설교하는 사람의 입장에서 할 수밖에 없는 당연한 질문이라 생각합니다.

저는 설교할 본문을 먼저 묵상하고, 그 가운데 경험한 것을 성도들과 나눕니다. 무엇을 전달하려고 하기보다는 제가 경험한 말씀의 현장으로 성도들을 인도해서, 그 속에서 스스로 하나님을 경험하게 하려고 합니다. 성도들과 함께 본문 속으로 들어가 제가 경험한 성령의 감동과 하나님의 역사를 공유하는 것입니다. 그렇게 되면 설교자가 굳이 가르치려 애쓰지 않아도 성도 스스로 자연스럽게 말씀의 현장에서 성령의 도우심을 따라 은혜를 경험할 수 있습니다. 이렇게 말씀 속에서 하나님이 어떤 분인지 경험하도록 돕는 것이 설교에 대한 저의 생각이자 태도입니다.

그래서 저는 설교를 준비하고 전달하는 모든 과정 가운데 성도들을 철저히 성령님께 위탁합니다. 제가 그랬던 것처럼 성도들 각자 본문을 통해 하나님을 경험하도록 맡겨 드리는 것입니다.

설교자는 안내자가 되고 성도들은 그를 따라 말씀의 현장을 여행하려면, 본문의 상황을 정확하게 설명하고 나누는 것이 중요합니다. 특히 성도들의 심령과 마음속에 그림을 그릴 수 있도록 구체적인 이미지와 정황을 소개하려고 노력합니다. 그렇게 해야 성도들이 말씀의 현장에서, 그리고 자신의 현장에서 하나님을 주목할 수 있습니다.

막연하게 느껴질 수 있겠지만, 설교자 본인이 이 책에 소개한 묵상을 지속적으로 훈련하다 보면, 묵상한 바를 설교에 어떻게 적용할 수 있을지 깨닫게 될 것입니다.

**Q** 큐티 교재를 사용하는 것과 성경만으로 묵상하는 것 중에서 어떤 것이 더 좋습니까?

**A** 큐티 교재는 초신자나 묵상을 많이 해보지 않는 사람에게 효과적입니다. 본문을 묵상하는 데 도움이 되는 단어나 문맥 설명, 주석과 적용이 큐티 교재에 자세히 들어 있기 때문입니다. 이 경우는 교재를 편집한 분이 묵상한 바를 묵상하는 사람에게 나누는 개념이 될 것입니다. 그래서 성경 지식이 부족하거나 묵상을 처음 시작하는 사람은 이런 교재를 사용하도록 권합니다.

하지만 어느 정도 시점이 지나면 본문을 이해하는 데 필요한 정보만 읽고, 본인이 직접 본문을 해석하고 적용하는 훈련을 하는 것이 좋습니다. 교재로 묵상하는 것에 익숙해지면 그 안에 실려 있는 본문 해석과 적용이 '정답'이라고 생각하게 됩니다. 그렇게 되면 자기 스스로 묵상하는 훈련은 결코 할 수 없습니다.

반면에 성경책으로만 묵상하는 것은 어느 정도 묵상 훈련을 거친 사람에게 효과적입니다. 이 경우에는 본문을 이해하기 위해 본인이 직접 참고 자료를 뒤져가며 적극적으로 나서야 합니다. 모르는 단어를 성경 사전에서 찾아 보고, 다른 번역 성경으로도 읽어 보고, 본문이 어떤 배경 속에 기록되었는지 조사해야 합니다. 교재를 사용하는 것보다 훨씬 힘들지만, 그만큼의 보람과 열매가 있습니다. 저도 성경책으로만 묵상하는데, 다른 번역본 성경과 원어 성경, 성경 사전을 곁에 두고 참고합니다. 이렇게 묵상을 훈련하면 본문을 자기 스스로 해석하고 이해할 수 있는 능력도 기를 수 있습니다. 시중에 나와 있는 묵상집 중에서는, 예수전도단에서 출간하고 있는 책별 묵상집 시리즈인 《하나님을 알아가는 묵상》(예수전도단 역간)이 이렇게 묵상하기 적합한 교재입니다.

큐티 교재로 묵상하는 것과 성경책으로만 묵상하는 것 중에 어떤 것이 더 낫다고 말할 수는 없습니다. 묵상하는 사람의 필요와 상황에 맞게 선택하면 된다고 생각합니다. 다만 무조건 교재로만 묵상하지 말고 성경책으로 묵상하는 것도 자꾸 시도해 보시기를 권면합니다.

묵상, 하나님을 알아 가는 시작입니다

**지은이** 서승동

2001년 2월 5일 1판 1쇄 펴냄
2010년 4월 2일 1판 31쇄 펴냄
2011년 2월 10일 확대개정판 1쇄 펴냄
2024년 4월 8일 확대개정판 12쇄 펴냄

**펴낸곳** 도서출판 예수전도단
**출판 등록** 1989년 2월 24일(제2-761호)
**주소** 서울특별시 강서구 양천로 424
        가양역 데시앙플렉스 지식산업센터 530호
**전화** 02-6933-9981 · **팩스** 02-6933-9989
**이메일** ywampubl@gracemedia.co.kr
**홈페이지** www.ywampubl.com

ISBN 978-89-5536-373-9

책값은 뒤표지에 있습니다.
잘못된 책은 바꾸어 드립니다.